AF497856

BIBLIOTHÈQUE

DE L'ÉCOLE

DES HAUTES ÉTUDES

PUBLIÉE SOUS LES AUSPICES

DU MINISTÈRE DE L'INSTRUCTION PUBLIQUE

SCIENCES PHILOLOGIQUES ET HISTORIQUES

DEUXIÈME FASCICULE

ÉTUDES SUR LES PAGI DE LA GAULE, AVEC DEUX CARTES, PAR AUGUSTE LONGNON, ÉLÈVE DE L'ÉCOLE DES HAUTES ÉTUDES.

PARIS

LIBRAIRIE A. FRANCK

F. VIEWEG, PROPRIÉTAIRE

RUE RICHELIEU, 67

1869

BIBLIOTHÈQUE

DE

L'ÉCOLE DES HAUTES ÉTUDES

ÉTUDES

SUR

LES PAGI DE LA GAULE

AVEC DEUX CARTES

PAR

Auguste LONGNON

ÉLÈVE DE L'ÉCOLE DES HAUTES ÉTUDES

PARIS

LIBRAIRIE A. FRANCK

F. VIEWEG, PROPRIÉTAIRE

RUE RICHELIEU, 67

1869

ÉTUDES SUR LES PAGI

PREMIÈRE PARTIE

L'ASTENOIS

Pagus Stadunensis.

I.

La mention vague du nom d'un pagus ne suffit pas généralement pour en fixer d'une manière certaine la position. Il faut que l'on puisse en outre produire des chartes mentionnant les noms de quelques unes des localités qui en dépendaient. Aussi, les érudits qui, au XVIIe et au XVIIIe siècles, ont discuté la situation du *pagus Stadinisus* ou *Stadunensis*, mentionné dans le capitulaire de Servais[1] et dans Flodoard[2], ont-ils proposé chacun une assimilation différente; les passages où ce *pagus* est cité et dont ils avaient connaissance, indiquant seulement qu'on le comprenait le plus souvent dans le même *missaticum* que les *pagi* dépendant des cités de Reims et de Châlons. C'est là sans doute un indice d'une grande valeur, parce qu'il limite la région dans laquelle l'emplacement de ce *pagus* peut être cherché. On crut d'abord qu'il importait de déterminer la position d'une ville ou d'un bourg du nom de *Stadinum* ou *Stadunum* dont, selon toute vraisemblance, le *pagus Stadunensis* aurait tiré son nom; mais, loin d'éclairer la question, ces recherches n'amenèrent que des querelles interminables.

La première opinion qui, à notre connaissance, ait été proposée sur ce *pagus*, est celle que donna Du Cange en 1657, dans une note de son édition de Villehardouin, parlant d'un certain croisé champenois, Renard de Dampierre, que nomme ce chroniqueur. Du Cange observe que la seigneurie dont Renard avait pris le nom (aujourd'hui Dampierre-le-Château, dép. de la Marne, arr. de Sainte-Menehould, canton de Dommartin-sur-Yèvre) se

1. Dom Bouquet, *Recueil des historiens de France*, tom. VII, p. 616.
2. *Historia ecclesiae Remensis*, lib. II, cap. XVIII.

trouve ordinairement appelée, dans les documents des premières années du XIIIe siècle et des siècles suivants, *Dampierre-en-Estenois*, « d'où se collige, dit-il, que le pays où cette place est « située s'appelloit Estaienois ou Estenois, qui est le *pagus Stadi-* « *nisus* du capitulaire de Charles-le-Chauve, titre XII, p. 112, « où il est compris avec les contrées voisines comme de Reims, « de Vouzy, Partois, Bar, Chaalons, Vertus, Tartenois, etc. « Et encore à présent, l'archidiacre de Chaalons qui fait ses « visites en ces quartiers-là, se dit archidiacre d'Astenay, et « anciennement d'Astenois[1]. »

La remarque de l'illustre érudit nous semble très-juste et nous nous étonnons qu'elle ait été rejetée par la plupart de ceux qui ont écrit après lui.

En 1675, Adrien de Valois, qui ne paraît pas avoir fait attention à l'observation de Du Cange, chercha à fixer la position du *pagus Stadunensis* par celle de sa capitale ; et, ce qui semble étrange chez un critique aussi éminent, il identifia le nom de *Stadunum* à celui d'*Astenidum*, une des *villae* royales mentionnées dans les Capitulaires de Charles-le-Chauve, Stenay suivant lui[2]. Il suffit de remarquer, pour faire justice de cette opinion, le peu de rapport qu'ont ces deux noms latins, dont l'un est pour ainsi dire l'anagramme de l'autre.

Quoique l'assimilation de Valois continue à trouver des partisans, elle fut, dès le principe, fortement combattue. Ainsi, dès 1681, dom Germain, collaborateur de Mabillon, se refuse à admettre que le *pagus Stadinisus* puisse tirer son nom d'*Astenidum*. Il objecte que, suivant Flodoard[3], ce pagus était compris dans la Champagne ; et que Stenay étant situé au-delà de la Meuse et tout à fait en dehors de cette province, faisait partie du *pagus Vabrensis*. Il se décide en conséquence à le chercher dans la Champagne, mais il n'est pas heureux dans l'hypothèse qu'il adopte en faisant dériver ce nom *a Stadone vico*,

---

1. *Histoire de l'empire de Constantinople sous les empereurs françois* (1657), p. 255.

2. *Notitia Galliarum*, p. 48 et 506. — Ajoutons aussi que la véritable dénomination ancienne de Stenay est *Satanacum*, ainsi que Valois le dit lui-même, p. 506. Il est vrai qu'il suppose, ce qui ne peut être adopté, qu'*Astenidum* est une forme plus ancienne.

3. « Tilpinus sequitur Wulfarius, qui ab imperatore..... fuerat ante « episcopatum constitutus [missus dominicus] super totam Campaniam : « in his quoque pagis, Dolomense scilicet, Vongense, Castricense, Stado- « nense..... »

Stonne (Ardennes, arr. de Sedan, cant. de Raucourt), village
de l'ancien diocèse de Reims, situé sur une colline où se voyaient
encore les ruines d'un château [1]. Au reste, dom Germain aban-
donne lui-même cette conjecture, paraît-il, en présence d'une
bulle de Léon IX, datée de 1049 et donnée à l'église de Verdun,
bulle dans laquelle un domaine de cette église est nommé
Stadonis villa; c'est aujourd'hui Eton (Meuse, arr. de Mont-
médy, cant. de Spincourt) [2]. Mais le savant bénédictin s'éloi-
gnait encore plus de la vérité dans cette nouvelle supposition,
car il avait précisément rejeté l'opinion de Valois par cette
considération que Stenay, n'étant pas en Champagne, ne pouvait
convenir au pays nommé par Flodoard.

Il fallut près d'un siècle pour qu'on en revînt à l'opinion de Du
Cange, qui fut enfin tirée de l'oubli par Bonamy. Celui-ci ne s'atta-
cha pas à combattre l'identification d'*Astenidum* avec Stenay,
mais il renonça à faire de cette localité la capitale du *pagus Stadinisus*. Il fit judicieusement remarquer que les *pagi* compris en
853 dans le *missaticum* d'Hincmar, évêque de Reims, étaient
tous situés en deçà de la Meuse, et qu'à cette époque Charles-
le-Chauve ne possédait rien au-delà de ce fleuve qui, en vertu
du traité de Verdun (843), séparait les états de ce prince de
ceux de l'empereur Lother; d'où il suit que Stenay, compris
dans le diocèse de Trèves et situé au-delà de la Meuse, ne pouvait en être la capitale [3].

Ces raisons déterminantes auraient dû mettre fin à la discus-
sion, mais il n'en fut rien. L'abbé Lebeuf répondit à Bonamy.
Il reconnaissait sans doute avec lui que le *pagus Stadinisus*
ne pouvait être situé qu'en deçà de la Meuse; mais il n'admettait
pas qu'il correspondît alors à l'archidiaconé d'Astenois, au

---

1. *De re diplomatica*, p. 322-323.—Ce château, dont les ruines se voyaient
à Stonne, est sans doute celui dont Aubry de Trois-Fontaines rapporte
la destruction à l'année 1066 : « Contra Manassem comitem de Retest
« episcopus Theodoricus Virdunensis castrum Sanctæ Menehildis cepit
« *et castrum de Setunia subvertit.* » Notons aussi qu'aucun document
connu ne donne à Stonne un nom se rapprochant de celui de notre
pagus.

2. *De re diplomatica*, supplém. p. 99. Nous voyons à cet endroit le *Stadonis
villa* de la bulle de Léon IX, traduit en effet par *Eston*, mais nous n'avons
pu trouver le passage où Dom Germain voit dans ce village la capitale
de notre pagus; nous ne connaissons cette hypothèse que par l'abbé
Lebeuf.

3. *Histoire de l'Académie royale des Inscriptions et Belles-Lettres* (années
1744 à 1746), t. XXVIII (1753), p. 267.

diocèse de Châlons. La seule objection qu'il produisit contre l'identification proposée par Bonamy, c'est la mention faite dans un acte de 1383 d'un *archidiaconus Stadïensis in ecclesia Cathalaunensi* [1]. Selon lui, la forme *Stadiensis,* plus courte que *Stadinensis*, était complétement différente. On peut répondre à l'abbé Lebeuf que les noms d'*Astenois* et de *Stadiensis* ne sauraient être considérés comme analogues, que si l'on suppose la forme plus ancienne de *Stadinensis*, sans laquelle l'*n* n'aurait pu se trouver dans le nom d'*Astenois*. Quoi qu'il en soit, l'abbé Lebeuf, convaincu qu'il fallait chercher ailleurs le *pagus Stadinisus*, le fixa à Stonne, où Dom Germain avait cru un moment devoir le placer, mais auquel il avait, comme il a été remarqué plus haut, préféré Eton (Meuse). On comprend que le célèbre antiquaire auxerrois ait allégué contre l'admission de cette dernière localité sa situation au-delà de la Meuse et son éloignement des *pagi* avec lesquels le *pagus Stadinisu* est ordinairement nommé ; enfin, la dénomination latine de *Setuna*, appliquée à Stonne dans une bulle d'Innocent II en faveur de la Chartreuse du Mont-Dieu, en 1136, étant la raison qui avait fait abandonner cette hypothèse à Dom Germain, il objecta que cette forme avait pu être forgée sur le nom vulgaire de cette localité. Ajoutons que l'erreur de l'abbé Lebeuf a égaré le géographe historien le plus autorisé de notre siècle, feu Guérard, qui, dans un de ses ouvrages [2], comprend le *pagus Stadinisus* dans la cité de Reims, et, dans un autre [3], lui assigne Stonne pour capitale.

En 1783, Dom Le Long publia, dans son *Histoire du diocèse de Laon*, une chronique rédigée vers 1155 par Alard *de Genni̧laco*, abbé de Signy, au diocèse de Reims, chronique dans laquelle, suivant le titre de cet ouvrage, était rapporté ce qui s'était passé de plus mémorable dans les *pagi Remensis, Castriensis, Stadunensis, Dulcomensis, Regitestensis* et *Porcensis* [4].

Nous trouvons en effet, dans cette chronique, quelques passages relatifs à notre sujet. A l'année 931, on y rapporte que Marc, comte du Dormois, fit alliance avec Victor de Pouilly, et

---

1. Ibid., t. XXI (1754), p. 187. — Les termes *archidiaconus Stadiensis* se trouvent déjà employés en 1275 (Éd. de Barthélemy, *Cartulaires de l'évéché et du chapitre de Châlons*, p. 120).

2. *Essai sur le système des divisions territoriales sous les rois Francs* (1832), p. 148.

3. *Liste des provinces et des pays de France,* dans l'*Annuaire de la Société de l'Histoire de France,* de 1837, p. 137.

4. Le Long, *Histoire du diocèse de Laon*, p. 593-595.

gouverna pour le roi [Raoul] le *comitatus Stadunensis*[1]. Si l'on assimile ce comté avec l'archidiaconé d'Astenois, le fait semble assez naturel, car ce dernier territoire est situé au sud du Dormois, et rien de plus simple que le gouvernement de deux comtés voisins ait été confié au même officier. Mais un second fait mentionné dans cette chronique semble en désaccord avec l'opinion de Du Cange et de Bonamy à laquelle nous nous rattachons : il y est dit, à l'année 940, qu'Otton, duc de Lorraine, entreprit de réduire par la force des armes Marc, comte du Dormois, gouverneur de *Stadunum*, parce qu'il guerroyait avec Garin de Mézières, contre Hugues, archevêque de Reims, et qu'il avait repoussé Arnoul, comte de Flandre ; mais on ajoute que Marc, aidé de Garin et de Victor de Pouilly, quitta *Stadunum*, passa la Meuse de nuit avec ses troupes et rentra sain et sauf à Doulcon[2].

Ce récit placerait *Stadunum* au-delà de la Meuse, et voilà pourquoi le père Le Long y traduit ce mot par Stenay ; mais il y a là évidemment une erreur du chroniqueur, qui écrivait, il ne faut pas l'oublier, au milieu du XII° siècle, c'est-à-dire à une époque où, bien que l'expression de *comitatus Stadunensis* ne fût pas encore complétement hors d'usage, ainsi que nous le montrerons plus loin, sa capitale primitive, *Stadunum*, n'existait plus ou avait perdu son nom. Or, Alard venant de rappeler que Marc était gouverneur du *comitatus Stadunensis* et ayant à parler d'une forteresse que ce comte occupait au-delà de la Meuse et vraisemblablement tout près de cette rivière, à cette époque limite orientale de la France, a pu, sous l'empire d'une préoccupation quelconque, laisser glisser sous sa plume le nom de *Stadunum*. Nous sommes tenté de supposer que la ville où Marc faillit être surpris était Dun *(Dunum)*, situé sur la rive droite de la Meuse, ville qu'il quitta la nuit, pour se réfugier dans le *castrum Dulcomense*, aujourd'hui Doulcon, alors capitale du Dormois, et situé tout en face de Dun, mais sur l'autre rive de la Meuse. Bien que Dun, par sa situation au-delà de ce fleuve, semble être en dehors de la France du X° siècle, il devait

---

1. La réunion des *comitatus Dulcomensis et Stadunensis* sous l'autorité de Marc est confirmée par la Vie de saint Juvin, contemporain et ami de Marc. Cette Vie a été publiée par les Bollandistes ; on y lit : « Fuit » quidem hic beatissimus ex territorio metropolitanae urbis Remorum » de comitatu qui Dulcomensis nuncupatur. Quem scilicet comitatum » atque Stadiniensem tunc regebat comes quidam nomine Marcus. » (*Acta Sanctorum*, tome II d'octobre, p. 217.

2. Le Long, *Histoire du diocèse de Laon*, p. 594.

y être compris, ou du moins avoir avec ce royaume des liens puissants, car il dépendait du diocèse de Reims et du Dormois. Sous la plume d'un moine résidant à Signy-l'Abbaye, c'est-à-dire à 70 kilomètres environ de l'Astenois, Dun qui avait alors une certaine importance a fort bien pu être confondu avec *Stadunum* dont le nom offre le sien comme terminaison. Sa situation frontière devait donner lieu à de perpétuels litiges entre le duc de Lorraine, vassal du roi de Germanie, revendiquant tout le pays situé sur la rive droite de la Meuse, et le comte du Dormois, vassal du roi de France, dans le comté duquel cette ville était comprise.

Nous avons dû nous appesantir sur ce passage du chroniqueur de Signy, qui introduit une nouvelle confusion dans une question déjà fort compliquée. Il a du reste suggéré à un auteur moderne, M. Buirette, une opinion singulière et difficilement acceptable. Suivant lui le *pagus Stadunensis* aurait dépendu en grande partie du diocèse de Reims et donné son nom à l'archidiaconé d'Astenois au diocèse de Châlons, parce que plusieurs villages de ce comté y étaient enclavés, tandis que les autres parties auraient été attribuées à l'archidiaconé de Champagne, au diocèse de Reims et à celui d'Argonne, au diocèse de Verdun [1]. Mais comme le fait remarquer judicieusement M. Desnoyers, si le *Stadunum* de la chronique de Signy était Stenay, ainsi que le prétend M. Buirette, le chef-lieu du comté se serait trouvé dans un quatrième diocèse, celui de Trèves. Nous reviendrons plus loin sur les raisons qui nous empêchent d'étendre au-delà des limites du diocèse de Châlons le *pagus Stadunensis*.

II.

Après avoir passé en revue les diverses opinions proposées à propos du *pagus Stadunensis*, nous allons maintenant indiquer les anciens documents qui font mention de ce *pagus*. Ils nous serviront à confirmer l'opinion de Du Cange et de Bonamy, qu'a soutenue avec toute raison, il faut le reconnaître, M. Desnoyers.

1° Flodoard nous apprend que Wulfer, avant d'être évêque de Reims, c'est-à-dire avant 812, fut constitué par Charlemagne *missus dominicus* sur « toute la Champagne, en chacun de

1. Cf. Buirette, *Histoire de la ville de Sainte-Menehould*, p. 13.

« ses *pagi*, à savoir le Dormois, le Voncois, le pays de Castrice,
« le *Stadunensis*, le Châlonnois, l'Omois, le Laonnois, le Valois,
« le Porcien, le Tardenois et le Soissonnois [1]. » Ce témoignage
n'est nullement en désaccord avec l'identification de l'Astenois
et de notre *pagus*, puisque le pays ainsi désigné fit toujours
partie de ce qu'on appelle la Champagne.

2º Un diplôme de Charles-le-Chauve, de février 845, relatif
à l'église de Saint-Etienne de Châlons, *in pago Cathalaunensi*,
nous apprend que le diocèse de cette église *(parroechia)* était
situé dans les pays de Vertus, Changy, le *pagus Stadinensis*
et le Perthois [2]. Ce texte doit être pris en sérieuse considération,
vu l'ancienneté de sa date et les indications précises qu'il fournit ;
car les pays de Vertus et de Changy, ainsi que le Perthois, étant
compris, sauf une portion bien faible de ce dernier, dans le diocèse de Châlons, et les pays de Châlons et de Vertus ayant,
ainsi que le Perthois, donné leurs noms à trois des quatre archidiaconés de ce diocèse, il faudrait être bien prévenu pour soutenir
que le *pagus Stadinensis* n'ait pas été presque entièrement
compris dans ce diocèse, et que son nom n'ait pas formé celui
du quatrième archidiaconé, vulgairement nommé archidiaconé
d'Astenois [3].

3º Le capitulaire de Servais, en 853, comprend dans le premier
missaticum confié à trois *missi*, dont l'un était Hincmar
évêque de Reims, les *pagi* suivants : le Rémois, le Voncois, le
Stadinisus, le Perthois, le Barrois, le Changiois, le Châlonnois,
le pays de Vertus, le Binsonois et le Tardenois [4]. On sait que le
royaume de Charles-le-Chauve avait à cette époque la Meuse
pour limite orientale, et, cette circonstance, ainsi que l'ont fait
remarquer divers savants du XVIIᵉ et du XVIIIᵉ siècle cités plus
haut, aurait dû empêcher de chercher au-delà de ce fleuve
l'emplacement du *pagus Stadinisus* qui, dans l'énumération du

---

1. Flodoard, *Historia Remensis ecclesiae,* l. II, c. 18.

2. « ... Quia inluster vir venerabilis Lupus civitatis Cathalaunis eccle-
» sie episcopus, que est constructa in honore Sancti Stephani super flu-
» vium Matronam in pago Cathalaunensi, cujus parroechia sita est in
» pagis Virtudinse, Camsicense, *et Stadinense,* et Pertinse... » (*Cartulaire
de Saint-Étienne de Châlons,* écrit au XIIᵉ siècle par le chantre Guérin,
fº 6, vº ; ce cartulaire est aux Archives de la Marne).

3. Nous trouvons l' « *archidiaconatus de Estenois* » nommé dans une
charte de 1244 (*Cartul. de Monthiers-en-Argonne,* fº 15 rº ; Bibliothèque
Impériale, fonds latin, nº 9905).

4. Dom Bouquet, tom. VII, p. 616.

capitulaire de 853, précède le Perthois, au nord duquel l'Astenois
est situé.

4° Une charte d'Almaric, datée du 12 juin de la douzième
année du règne du roi Lother (867 s'il s'agit de Lother, roi de
Lorraine, et 966 si c'est de Lother, roi de France), en faveur
de l'abbaye de Saint-Vanne de Verdun, à laquelle l'auteur de la
charte donne la *villa* de *Villare super fluvium Casuidum*
et des biens situés *in alio loco Alsuo in pago Stadunensi
super fluvium Aicona* [1]. Ce dernier nom désigne évidemment
l'Aisne ; quant au lieu nommé *Alsuum* (dénomination dont nous
ne garantissons pas l'exactitude, car ce titre ne nous est connu
que par des copies du xvie siècle), c'est sans aucun doute une
dépendance de la *villa* de *Villare* qui, bien que notre charte la
dise située sur une rivière du nom de *Casuidus*, était placée au
bord de l'Aisne, ainsi que le font voir des diplômes postérieurs.
Villare qui, ailleurs, est dit *in comitatu Stadunensi*, est
aujourd'hui Villers-en-Argonne (Marne, arr. et cant. de Sainte-
Menehould). Ce village a toujours fait partie de l'archidiaconé
d'Astenois.[2] Cette traduction n'offre aucun doute, car une charte
de 1132, dont il sera parlé plus loin, établit la situation de ce
même lieu dans l'évêché de Châlons.

5° Un diplôme de 980, par lequel l'empereur Otton III confirme
les biens de l'abbaye de Saint-Vanne de Verdun *ad Villarem
in comittatu Stadunensi super Asnam fluvium.... in eodem
comitatu ad Byonnam et ad Domnum Martinum et ad
Braus* [3]. De ces quatre localités situées dans le comté d'Astenois,
la première est Villers-en-Argonne, donné à Saint-Vanne par
Almaric, et dont l'indication exacte de sa situation au bord de
l'Aisne ne laisse cette fois aucune incertitude. *Byonna* est facile
à reconnaître, car on appelle Bionne une petite rivière de l'archidiaconé d'Astenois, qui se jette dans l'Aisne, près de Vienne-la-
Ville, et le lieu qui en avait pris le nom est évidemment Somme-

1. *Cartulaire de Saint-Vanne de Verdun,* copié au xvie siècle (Biblioth.
Impériale, fonds latin 5435, f° 8 r°).

2. Villers était compris dans le doyenné de Sainte-Menehould. —
Outre les chartes ou diplômes que nous énumérons ici, il existe une
pièce de 1090 où Villers-en-Argonne est appelé *Villare in Estanneis* (Varin,
Arch. administrat. de Reims, tom. I, p. 242). Cette appellation ne fait que
confirmer l'identité du *pagus Stadunensis* et de l'Astenois.

3. *Cartulaire de Saint-Vanne de Verdun*, déjà cité, f° 17 r°. On lit *Boaus*
et non *Braus*, mais il est évident que le copiste du xvie siècle s'est
trompé et que la leçon que nous proposons est la vraie, puisque nous
la trouvons dans le diplôme d'Henri II (1105), cité plus loin.

bionne[1] (Marne, arr. et cant. de Sainte-Menehould). Nous éprouverions de l'embarras pour la détermination de *Domnus Martinus*, ayant à choisir entre les trois villages de Dommartin-la-Planchette, Dommartin-sous-Hans et Dommartin-sur-Yèvre, tous trois jadis compris dans l'archidiaconé d'Astenois, si une charte de 1132, que nous rappellerons plus loin, n'appelait la localité de ce nom, où l'abbaye de Saint-Vanne avait des possessions, *Domnus Martinus super Arvam;* or, ce dernier nom indiquant la situation du village au bord de l'Auve *(Arva, Alva)*, il ne peut être question que de Dommartin-la-Planchette (Marne, arr. et cant. de Sainte-Menehould). Quant à *Braus*, la présence dans la même circonscription ecclésiastique de deux villages homonymes (Braux-Sainte-Cohière et Braux-Saint-Remy), l'un et l'autre situés dans l'archidiaconé d'Astenois et actuellement dans le canton de Sainte-Menehould, nous laisse incertain sur l'assimilation à adopter. Quoi qu'il en soit, cette charte mentionnant quatre villages du *comitatus Stadunensis* fournit un argument puissant en faveur de l'opinion de Du Cange et de Bonamy.

6°. On en trouvera un nouveau dans une charte de Thierry, comte de Bar, en date du 26 août 1006, confirmant l'abbaye de Saint-Mihiel dans la possession de biens qui lui avaient été donnés par Tietzelin dans diverses localités, entre autres *in Vuarbodi curte in comitatu Staniensi*[2]. Cette charte nous fournit pour le nom du *Stadunensis* une variante se rapprochant beaucoup de la forme française. *Vuarbodi curtis* doit être Vaubecourt (Meuse, arr. de Bar-le-Duc, chef-lieu de canton), paroisse qui fit toujours partie de l'archidiaconé d'Astenois.

7°. En 1015, l'empereur Henri II confirme les possessions de l'abbaye de Saint-Vanne de Verdun *ad Villare in comitatu Stadunensi super Asinam fluvium* et *in eodem comittatu ad Biunnam et ad Donum Martinum et ad Braus*[3]. Ce diplôme ne fait que reproduire les termes de celui d'Otton, en nous apprenant toutefois que les biens sis à Villers-en-

---

1. Ce nom de *Sommebionne* indique la source de la Bionne. La plupart des villages situés aux sources des rivières dans l'est de la Champagne portent le préfixe *Somme* attaché au nom de la rivière qui commence à cet endroit. On trouve quelques exemples de dénominations semblables dans la Flandre, l'Isle-de-France, la Lorraine, le Poitou, etc.

2. Dom Jos. de l'Isle, *Histoire de la célèbre et ancienne abbaye de Saint-Mihiel*, p. 432.

3. *Cartulaire de Saint-Vanne de Verdun*, déjà cité, f° 24.

Argonne provenaient d'un don d'Almaric [1], et que ceux de Sommebionne, Dommartin-la-Planchette et Braux avaient été donnés par un certain Hildric.

8°. Roger V qui occupa le siége épiscopal de Châlons-sur-Marne, de 1009 à 1042, cédant son patrimoine à l'église de Saint-Etienne de Châlons, donna aux chanoines de cette église *l'altare ecclesie Sancti Medardi in comitatu Stadunensi* [2]. Deux églises, placées sous l'invocation de Saint-Médard, étaient comprises dans l'archidiaconé d'Astenois, et les villages auxquels elles appartenaient en avaient pris leur nom, savoir : Saint-Mard-sur-Auve et Saint-Mard-sur-le-Mont; mais c'est certainement de l'église du dernier village qu'il s'agit, car c'était la seule dont la collation appartînt au chapitre de Saint-Etienne [3].

9°. Un état des biens de l'abbaye de Saint-Vanne, rédigé sans doute au XI° siècle, mentionne encore les possessions de cette abbaye *ad Villare in comitatu Stadunensi* et *in eodem comitattu ad Bionnam et ad Donum Martinum* [4]. Nous retrouvons ici les villages mentionnés dans plusieurs pièces antérieures.

10°. Une charte de Geoffroy, évêque de Châlons, de 1132, énumère les biens possédés par l'abbaye de Saint-Vanne dans son diocèse; on y retrouve l'*allodium quem dicitur Villare situm in comitatu Stadunensi* [5].

11°. En 1197, le pape Célestin III, dans une bulle en faveur de l'abbaye de Châtrices, rappelle les dons faits à cette abbaye par Raoul et Guy de Sainte-Menehould, dans ce même comté [6]. L'abbaye de Châtrices, située à 8 kilom. s.-s.-e. de Sainte-Menehould, était comprise dans l'archidiaconé d'Astenois.

De tout cela, il résulte que les mentions du *pagus* ou *comitatus Stadunensis* se rencontrent dans des circonstances qui confirment l'assimilation de ce pays à l'archidiaconé d'Astenois,

---

1. Ce fait démontre que dans la charte d'Almaric (n° 4) les mots *Villare super fluvium Casuidum* ne doivent pas être pris en considération, et que c'est bien de l'Aisne qu'il s'agit.

2. *Cartulaire de Saint-Étienne de Châlons* (XII° siècle, Archiv. de la Marne, f° 38 v°).

3. Pouillé du diocèse de Châlons de 1405 (collection Moreau, tome 785, f° 22 v°); on y lit : *Ecclesia de Sancto Medardo supra monte ... de presentatione capituli Cathalaunensis.*

4. *Cartulaire de Saint-Vanne de Verdun*, f° 61 r°. — Cf. Guérard, *Polyptique de Saint-Remy de Reims*, p. 116.

5. *Cartulaire de Saint-Vanne de Verdun*, f° 43 r°.

6. Buirette, *Histoire de Sainte-Menehould*, p. 15.

et que les localités que nous savons avoir fait partie du *pagus*
se trouvaient également comprises dans cet archidiaconé,
savoir :

    Braux-Saint-Remy ou Braux-Sainte-Cohière,

    Dommartin-la-Planchette,

    Saint-Mard-sur-le-Mont,

    Sommebionne,

    Vaubecourt,

    Villers-en-Argonne.

La comparaison des limites, que nous ont fournies les documents qui viennent d'être passés en revue, avec celles de l'archidiaconé d'Astenois, établit l'identité des deux territoires. En effet, Sommebionne *(Bionna)* est une des paroisses limitrophes de l'archidiaconé, au nord-ouest, c'est-à-dire vers le diocèse de Reims ; Vaubecourt occupe une position analogue au sud-est, sur la limite du diocèse de Toul ; enfin Saint-Mard-sur-le Mont, la plus méridionale des localités ci-dessus mentionnées, appartenait au même archidiaconé. Ce fait établi, il est bon de donner la liste des communes (autrefois paroisses) comprises dans cet archidiaconé [1] :

---

1. Cette liste a été établie à l'aide d'un pouillé du diocèse de Châlons, rédigé en 1405 (Biblioth. Imp.; collect. Moreau, t. 785, fᵒˢ 70 à 83) en complétant pour les quelques paroisses non encore érigées à cette époque, à l'aide de pouillés postérieurs. L'archidiaconé d'Astenois étant divisé en deux doyennés, qui portaient les noms de doyenné de Sainte-Menehould, et de doyenné de Possesse, nous avons fait précéder d'un astérisque les noms des villages compris dans celui de Possesse. En plaçant ce dernier doyenné dans l'archidiaconé d'Astenois, nous sommes en désaccord avec M. Jules Desnoyers. Ce savant croit qu'il dépendit jusqu'au xviiiᵉ siècle du grand archidiaconé ou archidiaconé de Châlons, dans lequel le placent, selon lui, tous les pouillés antérieurs à cette époque (*Topographie ecclésiastique de la France*, p. 224). Or, nous avons vu tous les documents connus et énumérés par M. Desnoyers (p. 229-231). Les doyennés y sont toujours nommés dans un ordre qui n'a aucun rapport avec leur répartition entre les divers archidiaconés; on ne peut donc rien en conclure. M. Vétault, archiviste du département de la Marne, auquel nous nous sommes adressé à ce sujet, nous fait savoir qu'antérieurement au xviiiᵉ siècle, il ne trouve dans ses archives aucun texte indiquant l'archidiaconé dont dépendait le doyenné de Possesse, mais que depuis 1705, il trouve la chrétienté de Possesse suivant immédiatement celle de Sainte-Menehould et séparée ainsi du grand archidiaconé de Châlons dans tous les procès-verbaux des assemblées synodales. Il nous apprend de plus que, dans un catalogue des paroisses du diocèse de Châlons, imprimé en 1749 par ordre de Mgr de Choiseul-Beaupré, évêque, comte de Châlons, on trouve (p. 47) l' « archidiaconé d'Astenay, qui

* Alliancelles.
* Ante.
Argers.
Auve.
* Auzécourt.
* Belval.
* Bettancourt-la-Longue.
Braux-Sainte-Cohière.
Braux-Saint-Remy.
* Bussy-le-Repos.
Chapelle-sur-Auve (la).
* Charmont.
* Charmontois-l'Abbé.
* Charmontois-le-Roi.
* Châtellier (le).
Châtrices.
Chaudefontaine.
* Chemin (le).
* Contault-le-Maupas.
Courtemont.
Dampierre-le-Château.
Dampierre-sur-Auve.
Daucourt.
Dommartin-la-Planchette.
Dommartin-sous-Hans.
* Dommartin-sur-Yèvre.
Elize.
* Epense.
* Esclaires.
Florent.
* Givry-en-Argonne.
Gizaucourt.
Hans.
Herpont.
* Laheycourt.
Maffrécourt.
Moiremont.
* Moivre.

* Nettancourt.
Neuville-au-Pont (la).
* Neuville-aux-Bois (la).
* Noirlieu.
* Noyers.
Passavant.
* Possesse.
* Pretz-en-Argonne.
Rapsécourt.
* Remicourt.
* Riaucourt.
Sainte-Menehould.
* Saint-Hilaire (c^{ne} du Frêne, pouillé de 1405).
* Saint-Jean-devant-Possesse.
Saint-Mard-sur-Auve.
* Saint-Mard-sur-le-Mont.
* Senard.
* Sivry-sur-Ante.
* Sommaisne.
Sommebionne.
* Sommeilles.
Sommetourbe.
* Sommeyèvre.
* Triaucourt.
Valmy.
* Vanault-le-Châtel.
* Vanault-les-Dames.
* Varimont.
* Vaubecourt.
* Vernancourt.
Verrières.
* Vieil-Dampierre (le).
Villers-en-Argonne.
* Villers-le-Sec.
Voillemont.
* Vroil.

» comprend les doyennés de Sainte-Menehould et de Possesse. » Ajoujoutons à cela le tableau des doyennés du même diocèse donné en 1788, par Buirette de Verrières (*Annales historiques de la ville de Châlons-sur-Marne*, introd. p. LVI), et l'on verra qu'aucun texte n'est contraire à la division de l'archidiaconé d'Astenois en deux doyennés. Un fait constant viendrait encore à l'appui de cette division; de l'aveu de

Nous avons rappelé plus haut l'opinion de Buirette qui fait dériver le nom de l'archidiaconé d'Astenois de ce que le diocèse de Châlons aurait compris quelques faibles portions du *comitatus Stadunensis*, *comitatus* qu'il assimilait au pays de Stenay et qu'il croyait compris pour une beaucoup plus forte partie dans les diocèses de Reims et de Verdun. Cette extension de l'Astenois, qui n'est visiblement supposée qu'en vue de l'assimilation de *Stadunum* avec Stenay, ne saurait être admise, par plusieurs raisons. L'Astenois ne pouvait s'étendre sur le diocèse de Reims, car la région de cette cité limitrophe de l'archidiaconé faisait partie du Dormois, comme le démontrent clairement les surnoms de Cernay-en-Dormois, Fontaine-en-Dormois, Malmy-en-Dormois et Rouvroy-en-Dormois[1], appliqués à des villages qui ne sont pas éloignés du diocèse de Châlons de plus de douze kilomètres[2]. A l'est, le comté d'Astenois ne pouvait dépasser le

M. Desnoyers, le nombre, l'ordre et les noms des quatre archidiaconés ne paraissent pas avoir éprouvé de variations depuis le moyen-âge. Or, ainsi que le démontre le tableau de Buirette de Verrières, en 1788, ils marchent par rang d'importance, de la manière suivante :

Archidiaconé de Châlons ou grand archidiaconé . . . . 116 cures et 30 succursales.
Archidiaconé de Joinville. . . . . 100 — 23 —
Archidiaconé d'Astenay . . . . 59 — 11 —
Archidiaconé de Vertus . . . . 41 — 14 —

Ces archidiaconés ayant constamment coexisté, aucun d'eux n'a pu être démembré pour en former un nouveau. On comprendra donc aisément qu'ils n'aient pas changé de rang, car sans variation de territoire, leur importance relative, fondée sur le nombre de paroisses qu'ils contenaient, ne pouvait guère changer. Au contraire, si on admettait l'hypothèse de M. Desnoyers, en réduisant l'archidiaconé d'Astenois au seul doyenné de Sainte-Menehould, cette dernière division qui d'après le même tableau de 1788 ne comprenait que 26 cures et 7 succursales n'aurait jamais pu occuper que le dernier rang.

Au reste une charte de 1244 où nous lisons les mots suivants : *In dicto archidiaconatu de Estenois, dicti abbas et conventus habent jus patronatus ratione Nove ville ad Nemus in cujus parochiatu et finagio villa que dicitur Bella vallis est fundata* (*Cartulaire de Monthiers-en-Argonne*, Biblioth. Imp., fonds latin, n° 9905, f° 190, v°), lève tous les doutes, car dès 1405, date à laquelle remonte le plus ancien pouillé du diocèse que nous ayons eu entre les mains, la Neuville-aux-Bois faisait partie du doyenné de Possesse (Collection Moreau, t. 785, f° 78 r°). Cette charte démontre donc clairement que notre archidiaconé comprenait ce doyenné dès le xiii° siècle.

1. Ces quatre villages sont actuellement compris dans le canton de Ville-sur-Tourbe (Marne).

2. 12 kilomètres est la distance de Fontaine, celui de ces villages situé le plus au nord; les autres sont moins éloignés de l'archidiaconé d'As-

diocèse de Châlons, la limite du diocèse de Verdun étant la même que celle du comté de Verdun, telle que nous la fournit un document du XIIe siècle publié par Mabillon[1] ; d'où l'on peut inférer que la frontière des diocèses de Châlons et de Verdun était la même que celle des comtés d'Astenois et de Verdun.

III.

Il nous reste à discuter la position du chef-lieu du comté d'Astenois, autrement dit de *Stadunum*. Le nom de Sainte-Menehould se présente tout naturellement à la pensée. La ville de ce nom est depuis plusieurs siècles la localité la plus importante de la région qui nous occupe. Elle est mentionnée dans les divers pouillés du diocèse comme le chef-lieu de l'un des doyennés de l'archidiaconé d'Astenois. Aussi le père Chifflet avait-il, dès le XVIIe siècle, émis cette opinion, en faisant remarquer que le pays avoisinant se nommait l'*Estenois (pagus Stadunensis)*[2]. L'emplacement originel de cette ville, au sommet d'une colline qui domine l'Aisne, le nom de saint qu'elle porte et qui paraît indiquer un nom plus ancien, sont des motifs sérieux en faveur d'une telle assertion, d'autant plus que le suffixe *dunum* dans le nom de *Stadunum* dénote une position élevée.

Mais des indications que nous puisons dans la légende de la sainte, dont la ville porte aujourd'hui le nom, s'opposent à ce qu'on admette cette hypothèse. En effet, il est dit par l'hagiographe que

tenois. Malmy n'était séparé de ce territoire ecclésiastique que par le finage de Berzieux.

1. *De re diplomatica*, supplément, p. 100-101. Mabillon place cette pièce entre un diplôme de 1066 et une lettre du pape Innocent IV, en date du 5 juillet 1252. Il l'a tiré d'un ms. de l'abbaye de Saint-Vanne de Verdun et nous ne croyons pas inutile de reproduire ici en l'annotant, le passage relatif aux limites occidentales du comté de Verdun, dans la portion qui longe le diocèse de Châlons et par conséquent l'archidiaconé d'Astenois : *Ex hinc usque Summam Asniae et postea usque ad ulmos et inde usque ad locum, ubi Biummam fluit in Asniam.* — Sommaisne (*Summa Asniae*) est une paroisse du diocèse de Châlons, limitrophe de ceux de Toul et de Verdun. — La Biesme (*Biumma*) prend sa source à 13 kilomètres nord de Sommaisne, sépare les diocèses jusqu'à l'extrémité nord-est de celui de Châlons, où le diocèse de Verdun devient limitrophe de celui de Reims.

2. *Acta Sanctorum*, octobre, t. VI, p. 529.

le corps de la sainte, d'abord enseveli à Bienville (Haute-Marne),
fut transporté, vers 866, à l'abbaye de Saint-Urbain, à l'exception du chef, qui fut déposé au *castrum Conthense*; ce *castrum*
se trouve ainsi identifié à Sainte-Menehould [1]. Une Vie de cette
pieuse vierge, qu'ont publiée les Bollandistes d'après un ancien
ms. conservé dans la ville de Sainte-Menehould, dit que ce
castrum était situé *in pago Fraudunense*, expression que les
commentateurs tiennent pour fautive et corrigent en *in pago
Stadunensi* [2]. Nous sommes donc contraint de chercher ailleurs
la ville de *Stadunum*.

Remarquons que les textes cités plus haut montrent que le
pagus Stadunensis portait aux Xe, XI et XIIe siècles le titre de
comté, et si l'on s'en rapporte à la bulle de Célestin III, le comté
d'Astenois subsistait en 1197, ou du moins sa suppression était alors
si récente, que le pontife pouvait encore se servir de cette qualification. La conséquence de ce fait, c'est qu'à cette époque le
titre de comte devait continuer à être porté dans l'Astenois. Or,
il n'y avait point de comte à Sainte-Menehould, dont la seigneurie
appartenait, dès le XIe siècle, au comte de Rethel [3], lequel la
céda, en 1200, au comte de Champagne en échange d'Inaumont [4]
(Ardennes). Sainte-Menehould était, il est vrai, le chef-lieu d'une
châtellenie et jouissait par là d'une certaine prépondérance
féodale sur l'Astenois [5]; mais il partageait cette suprématie
sur l'ancien territoire de notre *pagus* avec un autre *castellum*,
celui que les textes, depuis l'an 1200 environ jusqu'au XVIe siècle
au moins, désignent constamment sous le nom de Dampierre-en-
Astenois [6], comme pour rappeler sa situation dans le *pagus
Stadunensis*. Or, ce surnom fut attaché à Dampierre à l'exclusion de toute autre localité comprise dans les mêmes limites.
Ce Dampierre qui a abandonné son ancien surnom pour en

1. *Acta Sanctorum*, octobre, t. VI, p. 529 et 531.

2. *Ibid.*, p. 531; voir le commentaire, page 529.

3. Nous avons cité plus haut, page 7, note 1, un passage d'Aubry
de Trois-Fontaines qui dénote la possession de Sainte-Menehould par
le comte de Rethel. — Vers 1172, nous lisons dans le *Livre des vassaux
du comté de Champagne et de Brie*, l'article suivant (n° 1510): « Li cuens de
» Retel, dou fié de Sainte-Menehout ».

4. D'Arbois de Jubainville, *Catalogue des actes des comtes de Champagne*,
n° 519. — L'original existe au Trésor des chartes, J 193, n° 2. — Aubry de
Trois-Fontaines fait allusion à cet échange sous l'année 1204.

5. *Livre des vassaux du comté de Champagne et de Brie*, ch. XIV.

6. On prononçait sans doute *Atenois*, car des aveux du XVe et du XVIe s.
nous fournissent la forme *en-Attenois* pour ce surnom.

prendre un qui rappelait son rang à l'époque féodale (Dampierre-le-Château), appartenait au xiie siècle à de puissants seigneurs, qui en avaient pris le nom. Ceux-ci, bien que qualifiés ordinairement de seigneurs *(domini)*, n'en prenaient pas moins le titre de *comtes*, et quand ils se qualifiaient simplement *seigneurs*, ils attribuaient ce titre à leurs ancêtres[1]. Nous avons rencontré dans un cartulaire de l'abbaye de Monthiers-en-Argonne, écrit au xiie siècle, des chartes où le possesseur de Dampierre est intitulé *dominus*, tandis que dans la rubrique le scribe le qualifie de comte[2]. Enfin nous n'avons pas remarqué de chartes postérieures au xiie siècle (c'est-à-dire à l'abolition complète, dans les actes ecclésiastiques, de l'expression de *comitatus Stadunensis*), où le seigneur de Dampierre soit qualifié de comte. De plus, une charte de 1218 relate un différend entre Renard de Dampierre et Raoul, qualifié *d'archidiaconus ejusdem*

1. Une charte de Guy, évêque de Châlons (1164-1190), confirme une donation faite par « Raynardus *comes* de Damperre » à l'abbaye de Monthiers-en-Argonne (*Cartul. de Monthiers-en-Argonne* écrit au xiie s., Bibl. Imp. fonds latin, n° 10946, ch. n° 10.) — Une charte du même prélat constate que « Raynardus dominus de Damperr filius Henrici » a concédé en aumône perpétuelle à l'abbaye de Monthiers « quicquid predecessores » ejus Fredericus *comes* et Henricus filius ejus predicte Monasteriensi » ecclesie donaverant. » Bien que Renard soit qualifié de seigneur, la rubrique (datant du xiie siècle) porte *Raynardi comitis*, et dans les témoins de cette donation nous trouvons trois de ses familiers ainsi désignés : « Nicholaus capellanus *comitis*, Guntiers clericus *comitis*. Literit cam-» bellanus *comitis* » (*Ibid.*, charte n° 13). Dans une troisième charte de Guy on retrouve encore « Renardus *comes* de Dampierre » (*Ibid.* n° 49). Renard II, fils de celui qui figure dans les documents que nous venons d'énoncer, prend la qualification de *comes Domus Petri* dans une charte de 1190, en faveur des Templiers de la Neuville (Ed. de Barthélemy, *Diocèse ancien de Châlons-sur-Marne*, t. I, 407). Il se nomme de même *Renardus de Dampna Petra comes* dans une charte de la même époque (*Ibid.*, I, 409). Enfin Aubry de Trois-Fontaines, qui écrivait vers 1243, lui donne aussi le titre de comte : « Mortuus est in Campania circa Pente-» costem Theobaldus comes, anno ætatis suæ vigesimo quinto cruce » signatus, qui *comitem Raynaldum* de Dampetra misit pro se in partes » transmarinas cum sufficientibus expensis » (ad anno 1201).

2. Nous avons cité dans la note précédente une charte de Guy, évêque de Châlons, où Renard est qualifié de seigneur et la rubrique porte *Raynardi comitis*. Une charte contemporaine émanant de Henri le Libéral, comte de Champagne, et reproduisant les mêmes faits, a pour rubrique *Raynardi comitis et domini Johannis de Possessa* (*Cart. de Monthiers-en-Argonne*, fonds latin, 10946, charte 27). Une autre charte de l'évêque Guy constatant une donation de *dominus Raynardus de Dampierre* est intitulée *Sigillum de comite Raynardo* (*Ibid.*, charte 47).

loci[1] ; or, cet *idem locus* ne pouvant être que Dampierre, ceci nous conduit à admettre cette conclusion. Le seigneur qui dans l'Astenois portait au xii° siècle le titre de *comte* à l'exclusion de tous les autres possesseurs de fiefs devait être le descendant ou l'héritier des comtes de l'Astenois, dont le domaine se sera trouvé réduit à la châtellenie de Dampierre. C'est du moins ce que nous proposons sous toutes réserves, et alors, ne serait-il pas permis de voir, dans la capitale de ces comtes du xii° siècle, celle du comté d'Astenois que nous ne pouvons placer à Sainte-Menehould?

Mais le nom de Dampierre, par sa forme relativement moderne, semble contraire à notre supposition. Or, ce mot dénote d'ordinaire une localité dont l'église est consacrée à saint Pierre (*Domnus Petrus*), et cependant ce n'est point à ce saint que l'église de notre Dampierre est dédiée ; elle est placée sous l'invocation de saint Maurice[2]. On doit donc se demander comment ce village a reçu un nom qui ne correspond pas au patron de sa paroisse. Voici ce qu'on peut imaginer. A l'est de Dampierre, à une distance de 7 kilomètres, se trouve un village nommé Vieil-Dampierre et désigné déjà sous le nom de *Vetus Damperre* dès le milieu du xii° siècle. Il dépendait du comté de Dampierre, et le nom qu'il portait (*Domnus Petrus*) est pleinement justifié par le vocable de son église[3]. Sans doute que ce nom tiré du patron en avait remplacé un plus ancien, car l'origine de cette localité paraît remonter fort haut. L'épithète qu'elle reçoit depuis plus de sept siècles s'explique par la fondation d'un *castrum* voisin

---

1. Voici le début de cette charte: « Magister (le nom a été omis) canoni-
» cus et officialis Cathalaunensis et Ludovicus presbiter de Dampetra,
». omnibus presentes litteras inspecturis, in domino salutem. Noverint
» universitas vestra quòd cum controversia verteretur auctoritate apos-
» tolica inter *dominum Renardum de Dampetra* ex una parte et *Radulfum*
» *archidiaconum ejusdem loci* ex altera super decimis novalium quas tenebat
» dictus Renardus de Dampetra in archidiaconatu dicti archidiaconi...»
(*Cart. de Monthiers-en-Argonne*, n° 10946, f° 39 r°). Une charte de janvier
1222 relative au même fait, qualifie «_Radulphus, archidiaconus Cathalau-
nensis_ (f° 39 r° du même cartulaire), ce qui ne désigne ici qu'un des archi-
diacres de l'église de Châlons.

2. Ed. de Barthélemy, *Diocèse ancien de Châlons-sur-Marne*, t. II, p. 186.
— Ad. Guérard, *Statistique historique du dép. de la Marne*, p. 498.

3. Ed. de Barthélemy, *Diocèse ancien de Châlons-sur-Marne*, tome II,
p. 205. A. Guérard, *Statistique historique du dép. de la Marne*, p. 502. L'église
est placée sous l'invocation de Saint-Pierre et de Saint-Paul; mais la
réunion de ces deux saints provient de ce qu'on les fête le même jour.

qui lui emprunta son nom, vraisemblablement parce que son érection eut lieu dans le but de transporter à cette nouvelle localité les prérogatives dont jouissait l'ancienne. Un fait nous démontre que Dampierre-le-Château n'a pu être de beaucoup antérieur au XIIe siècle, car nous le trouvons qualifié de *Novus Dampierre*[1] dans une charte de 1204.

Ainsi, on peut admettre que le Vieil-Dampierre jouissait avant Dampierre-le-Château de la prééminence féodale dans une partie de l'Astenois. Nous devons en conséquence chercher en ce lieu l'emplacement de *Stadunum*.

Il est très probable que des fouilles intelligentes faites sur ce point aboutiraient à la constatation de quelque établissement de l'époque gallo-romaine, si l'on songe aux trouvailles faites au siècle dernier au Vieux-Dampierre même. La quantité d'armes anciennes mises à découvert par le soc de la charrue et recueillies par Burnet, curé de la paroisse, ont fait émettre à Dom Le Long l'opinion que ce lieu fut le théâtre de quelqu'un des épisodes de la bataille livrée dans les plaines cathalauniques par Aetius et ses alliés contre Attila[2]. Nous ne croyons pas cette opinion soutenable, et ces armes devraient sans doute être plutôt attribuées à l'époque de la destruction de l'établissement antique qui devait s'élever sur ce territoire et dont l'existence paraît démontrée par les découvertes faites il y a trente ans environ auprès de la Neuville-aux-Bois, village fondé au XIIe siècle à un kilomètre environ du Vieil-Dampierre.

Là se trouve un champ de sépulture où les fouilles faites pour l'extraction du sable nécessaire à l'établissement d'une voie départementale amenèrent la découverte d'un grand nombre de tombes, dans chacune desquelles un petit vase accompagnait les ossements. Dans plusieurs de ces tombes on a trouvé des agrafes, des fibules, des ornements d'armures en fer damasquiné en argent, des épées romaines et des fers que l'on a supposé être des fers de javeline, et en outre deux petites médailles de bronze, dont une de Trajan et l'autre de Marc-Aurèle. Des tombes, contenant des objets semblables existaient aussi, paraît-il, sur les territoires du Vieil-Dampierre et de Sivry-sur-Ante[3].

---

1. *Cartulaire de Monthiers-en-Argonne;* Biblioth. Imp., fonds latin, n° 9905, f° 132 r°. « ... et viam que a Veteri Dampierre tendit ad Novum Dam- » pierre... »

2. Dom Le Long, *Histoire du diocèse de Laon,* 1783, in-4°, p. 39.

3. *Chronique de Champagne,* tome IV, p. 46.—M. Hiver, alors procureur

Ces vestiges dénotent évidemment la présence d'un établissement important qui, ainsi que l'on voit, s'étendait par ses cimetières sur les trois finages de la Neuville-aux-Bois, du Vieil-Dampierre et de Sivry, espace qu'il ne faut pas s'exagérer, car en certains endroits les territoires de la Neuville et de Sivry, entre lesquels se trouve le Vieil-Dampierre, ne sont distants que de 800 et de 900 mètres[1]. Il est donc évident que son centre était à cette dernière localité, car si les découvertes les plus importantes ont été faites à la Neuville-aux-Bois, il faut se rappeler qu'elles ne sont dues qu'au hasard. Du reste, ce village est situé à la limite méridionale des trouvailles et son nom et les documents empêchent de le considérer comme antérieur au XIIe siècle. Voilà pour l'époque romaine.

Quant aux vestiges de l'époque féodale, leur constatation, au point de vue de l'identification du Vieil-Dampierre et de *Stadunum*, est moins importante ; mais comme le Vieil-Dampierre ne paraît pas avoir été remplacé par Dampierre-le-Château antérieurement au XIIe siècle, il n'est pas hors de propos de faire remarquer que deux mottes féodales, au moins, se trouvent en ce lieu[2]. Nous avons trouvé l'indication d'une de ces mottes dans un aveu du 15 mai 1733, rendu par Emilie de Cherisey de Boncourt, veuve de messire Robert-Jean de Chamissot, chevalier, seigneur de Boncourt, Ante, Andevanne et le Vieil-Dampierre, pour une partie de la terre et seigneurie du Vieil-Dampierre : « Il appartient à ladite dame seule à l'exclusion des « autres coseigneurs, une maison dite la Motte, où il y avoit autres « fois un château qui est démoly. Il ne reste de ce château que « les basses-cours, écuries, granges, galleries, chambres, gre- « niers et autres logemens propres pour un fermier ; de laquelle « maison dépend une pièce de terre en élévation ditte la petite « butte de la Motte[3], dont tous les arbres et buissons qui sont « dessus et autour, comme les arbres et buissons qui sont autour

du roi à Sainte-Menehould, a recueilli la plupart de ces débris, entre autres quatre épées, dont la longueur varie de 34 à 50 centimètres non compris la soie.

1. Carte de l'État-Major, feuille 51.

2. Edouard de Barthélemy, *Diocèse ancien de Châlons-sur-Marne*, t. II, p. 207, — Ad. Guérard, *Statistique historique du département de la Marne*, 502. — M. E. de Barthélemy dit que les châteaux placés sur ces mottes furent détruits à la Révolution ; mais on voit par cet aveu de 1733 que l'un d'eux, du moins, n'existait plus à cette époque.

3. Cette *petite butte de la motte* serait-elle encore une motte féodale.

» et au bas de l'élévation, sur laquelle est bâtie laditte maison
« de la Motte, appartiennent à ladite dame seule [1]. »

Toutes ces considérations doivent, ce nous semble, attirer l'attention des archéologues et nous autorisent fortement à supposer que le Vieil-Dampierre peut nous offrir l'emplacement de *Stadunum*.

1. Archives de l'Empire, P 226, n° 79.

LE BOULONNAIS ET LE TERNOIS

(Pagus Bononensis et Pagus Taruanensis).

La Notice des provinces et cités de la Gaule, dont un critique moderne place la rédaction primitive entre les années 386 et 450 de notre ère[1], comprend douze cités dans la deuxième Belgique, qui avait Reims pour métropole; ce sont les cités de Reims, de Soissons, de Châlons, de Vermand (ou de Saint-Quentin), d'Arras, de Cambray, de Tournay, de Senlis, de Beauvais, d'Amiens, des *Morini* (ou de Thérouenne), et de Boulogne.

Les plus méridionales de ces cités (Amiens, Beauvais, Senlis, Soissons, Reims et Châlons) formaient alors chacune un évêché, grâce à ce que l'Eglise avait adopté les divisions civiles existantes. Vers la fin du v° siècle (497), sans doute par suite des progrès du christianisme, saint Remy, évêque de Reims, se vit amené à détacher, de l'immense cité dont il était le prélat, la portion occidentale pour en former le diocèse de Laon[2]. Mais le christianisme ne florissait pas également dans les cités du nord-ouest, car, dès les premières années de la deuxième moitié du vi°

---

1. Brambach, *Notitia provinciarum et civitatum Galliae*, p. 29.
2. Flodoard, *Historia Remensis ecclesiae*, lib. I, cap. 14 : « Rex igitur Fran-
» corumque potentes plurimas beato Remigio possessiones per diversas
» contulere provincias,..... Non modicam necnon earumque partem
» rerum ecclesiae sanctae Mariae *Lauduni clavati, Remensis parochiae castri*,
» ubi nutritus fuerat, tradidit; *ibique Genebaudum..... ordinavit episcopum*,
» comitatusque Laudunensis eidem castro subjecit parochiam.

siècle, six de ces cités ne formaient plus que trois diocèses. Les invasions des Barbares semblent avoir arrêté dans ces contrées la marche progressive de la foi chrétienne. La réunion des deux cités de Cambray et d'Arras sous l'autorité d'un même prélat remonte environ à l'an 500, époque à laquelle saint Waast *(Vedastus)* fut envoyé par saint Remy pour évangéliser ces contrées [1]. En 532, saint Médard, évêque des *Veromandui* ou de Noyon, ayant été élu évêque de Tournay, réunit ainsi les deux sièges épiscopaux de Noyon et de Tournay, qui restèrent liés pendant plus de six siècles, malgré les réclamations constantes du clergé de la cité annexée. La réunion de ces deux évêchés est un fait d'autant plus curieux, que leurs territoires n'étaient point limitrophes et se trouvaient au contraire séparés par ceux d'Arras et de Cambray, qui occupent entre eux un espace de plus de huit lieues [2]. Enfin Boulogne, qui formait dans l'origine un évêché distinct, — c'était du moins l'opinion d'Hincmar qui écrivait au IXe siècle [3], — était, dès le milieu du VIIe siècle, réuni à l'évêché de Thérouenne, dont le prélat Omer *(Audomarus)* est qualifié, par deux écrivains contemporains, d' « évêque de Boulogne et de la ville de Thérouenne » [4].

---

1. *Gallia Christiana*, t. III, col. 322.

2. *Ibid.*, t. IX, col. 979.

3. Cet évêque de Reims, si soucieux de tout ce qui touchait aux traditions de l'Église, mentionne les douze cités qui avaient autrefois *(antiquis temporibus)* composé la métropole de Reims; leur ordre est exactement le même que dans la Notice des provinces. La liste donnée dans ce dernier document y est seulement augmentée de la mention de Laon dont l'évêché fut érigé par saint Remy et qui figure au reste dans quelques manuscrits de la Notice (*Hincmari opera*, édit. Sirmond, t. II, p. 731). Dans une lettre adressée à son neveu et suffragant, Hincmar de Laon, qui cherchait à se soustraire à son autorité métropolitaine, il rappelle que le diocèse de Laon, qui avait ce neveu pour évêque, était de création plus moderne que *trois autres évêchés, Arras, Noyon et Boulogne*, qui, pourtant avaient été réunis à d'autres sièges : « *Atrebatis,* » *Viromandis et Bononia,* ex cujus territorio es nativus, antiquiores sedes, » cum *episcopis propriis,* in Remorum provincia extiterunt, quam castrum » Montis Lauduni inter sedes computaretur, in quo es ordinatus episcopus. » Sed a longo tempore, certis eventuum ac necessitatum accidentibus, « sicut de pluribus civitatibus in quibusdam provinciis legimus, aliis « subjectae civitatibus, suum privilegium perdiderunt » (*Hincmari opera*, t. II, p. 391). — La mention de l'évêché de Noyon (*Viromandis*) au lieu de celui de Tournay, semble démontrer qu'à l'époque d'Hincmar, cette dernière ville était regardée comme le véritable siége épiscopal des deux cités réunies.

4. Jonas, dans sa vie de saint Eustace, abbé de Luxeuil, le nomme

Les réclamations du clergé d'Arras contre la réunion de cette cité au diocèse de Cambray portèrent leurs fruits à la fin du XIIe siècle. Les dissensions survenues en 1092 entre les clergés des deux cités pour l'élection du successeur de Gérard II, évêque de Cambray, furent l'occasion du rétablissement de l'évêché d'Arras par le pape Urbain II[1]. Le même pontife se montra également favorable aux prétentions de Tournay; toutefois et malgré les bonnes dispositions de ses successeurs, le rétablissement de ce siége épiscopal n'eut lieu qu'en 1146[2]. Boulogne fut moins heureux : son clergé, se fondant sur l'exemple de ces séparations, crut pouvoir s'opposer, en 1159, à ce que Milon II, qui venait d'être élu évêque par le chapitre de Thérouenne, fut sacré par le métropolitain, sous un autre titre que celui d'évêque de cette cité[3], et cette réclamation fut portée devant le pape Alexandre III; mais par une bulle de la même année, celui-ci rejeta les prétentions du clergé de Boulogne à former un évêché particulier[4].

Boulogne devint, il est vrai, chef-lieu de diocèse en 1567; mais ce fut à la suite de la ruine de Thérouenne, détruite de fond en comble par Charles-Quint en 1553. L'ancien diocèse, formé jadis par la réunion des deux cités, fut alors divisé en trois évêchés, dont les siéges furent fixés à Boulogne, à Ypres et à Saint-Omer; mais quoi qu'on dise, le territoire assigné à celui de Boulogne ne peut représenter que très-imparfaitement celui de la cité gallo-romaine, par cette raison que l'emplacement même de Thérouenne, sa rivale longtemps préférée, y fut compris.

Cette étude ayant pour but de rechercher quelles furent les limites de la cité de Boulogne, il nous semble parfaitement inutile d'insister sur les preuves de l'existence d'un évêché particulier dans cette ville antérieurement à l'épiscopat de Saint-Omer. Au reste, ce travail a été fait de nos jours par M. l'abbé Haigneré.

Audomarus [episcopus] Boloniae et Tervanensis opidi (Dom Bouquet, t. III, p. 500). Dans la vie de saint Aile, abbé de Rebais, il est dit : *Bononiae et Tervanensis oppidi pastor* (*Acta Sanctorum Martii*, t. III, p. 78).

1. *Gallia Christiana*, t. III, col. 24 et 320. — *Ibidem*, t. III, col. 211-212.

2. Aux yeux du clergé boulonnais, la qualification d'*episcopus Morinensis* que prenait l'évêque de Thérouenne, était sans doute un titre qui ne pouvait convenir qu'à un évêque des deux siéges. En effet, antérieurement à la Notice des provinces, Boulogne (*Gessoriacum*) était un port des Morins (Pline, lib. IV, cap. 17).

3. Miraeus, *Opera diplomatica*, éd. Foppens, t. II, p. 1174.

4. Bulle du pape Pie V, dans Miraeus, t. II, p. 1102.

L'attribution de la qualification de cité au territoire de Boulogne n'est pas seulement prouvée par la Notice des provinces; on a des monnaies mérovingiennes portant la légende BONONIA CIVI[1], ce qui semble indiquer qu'à l'époque à laquelle ces monnaies ont été frappées Boulogne n'était pas encore soumis à Thérouenne[2].

Quelle est la marche à suivre pour retrouver la limite commune des cités de Boulogne et de Thérouenne? Dans un grand nombre de diocèses les divisions de l'ancienne Gaule ayant laissé leurs traces dans la répartition en archidiaconés, on serait tenté de croire que le territoire de Boulogne était représenté par un des archidiaconés de l'église de Thérouenne, et que cet archidiaconé en avait pris son nom. On se tromperait : le vaste diocèse de Thérouenne n'était divisé qu'en deux archidiaconés : l'*archidiaconatus Morinensis*, autrement dit *d'Artois* ou *de France*, et l'archidiaconé de Flandre[3]; et le premier comprenait les chefs-lieux des deux cités, c'est-à-dire Boulogne et Thérouenne. Il faut donc chercher un autre moyen de distinguer la cité de Boulogne.

Ces raisons nous ont amené à faire une étude sur les *pagi* dont se composait le diocèse de Thérouenne sous les deux dynasties des rois Francs. Ainsi seulement, malgré le peu de ressources que nous offrent les documents malheureusement trop rares de cette époque, nous pouvons espérer d'obtenir quelques résultats. Le territoire de l'évêché de Thérouenne n'était alors divisé qu'en trois *pagi* : le *pagus Bononensis*, *le pagus Taruanensis* et le *pagus Mempiscus*. Ce dernier, qui comprenait la partie orientale du diocèse dont nous nous occupons, s'étendait également sur le diocèse de Tournay; son étude exi-

---

1. Anatole de Barthélemy, *Liste des noms de lieux inscrits sur les monnaies mérovingiennes*, n° 128.

2. Cette conclusion est peut-être hasardée; car Folquin, qui rédigeait son cartulaire de saint Bertin vers l'an 961, mentionne aussi la *civitas Bononiensis* en rapportant des évènements contemporains (*Cartulaire de l'abbaye de Saint-Bertin*, éd. Guérard, p. 140). Pourtant, si l'on s'en rapporte à l'auteur de la vie de saint Bertou qui écrivait vers 1073, Boulogne aurait encore été le siège d'un évêché sous le roi Charles le Simple et le comte Erkenger, c'est-à-dire au commencement du xe siècle. Voici ses paroles : « Erat quippe Bononia sui juris, munita « tunc temporis civitas, mari Morinorum propinqua, mercibusque « marinis praecipua, sede insuper episcopali et benedictione consecrata. » (*Acta Sanctorum Februarii*, t. I, p. 682).

3. Jules Desnoyers, *Topographie ecclésiastique de la France*, 584-587.

gerait un long travail, et comme il n'est pas indispensable pour atteindre le but que nous nous proposons, nous le réservons pour plus tard, en nous bornant à étudier ici les deux pagi qui, par leurs noms, rappellent les deux cités. Nous commencerons par le *pagus Bononensis*.

I. PAGUS BONONENSIS.

Les documents qui, à notre connaissance, peuvent aider à reconstituer ce territoire sont au nombre de neuf :

1° Une charte du mois de juillet 776, par laquelle Hardrad, abbé de Sithiu, constate qu'il achète au prix de 200 sous, les biens d'un certain Waldbert, lesquels étaient situés *in loco nuncupante in Loningaheimo, in pago Bononensi* [1]. — *Loningaheimum* nous semble devoir être traduit par Leulinghem (Pas-de-Calais, arrondissement de Boulogne, canton de Marquise).

2° Le 11 octobre 807, Lebtrude, veuve, donna à l'abbé Nanther ses biens *in loco nuncupante Gisna sive Totingetun, in pago Bononensi, super fluvium Vuasconinga wala*, et reçut en bénéfice, pour elle et ses trois enfants, deux bonniers de terre, que le monastère possédait *in loco nuncupante Ecloum in ipso pago Bononensi* [2]. — Le lieu nommé *Gisna*, qui devait être au xie siècle le chef-lieu d'un comté, est aujourd'hui Guines (Pas-de-Calais, arrondissement de Boulogne, chef-lieu de canton). — *Totingetun* se retrouve dans le hameau de Todincthun, à 17 kilomètres O. de Guines (Pas-de-Calais, arrondissement de Boulogne, canton de Marquise, commune d'Audinghem) [3]. Ce hameau est situé près d'un ruisseau, que l'on appelle « ru de Guiptun » [4], du nom d'une ferme de la commune de Tardinghem, et qui représente certainement le *fluvius Vuasconingawala* [5]. — *Ecloum*

---

1. *Cartulaire de l'abbaye de Saint-Bertin,* éd. Guérard, p. 61.

2. *Ibid.,* p. 70.

3. On a voulu voir dans *Totingetun* le nom primitif de Guines. M. H. de la Plane se demande sur quelle base repose cette explication. (*Les abbés de Saint-Bertin*, t. I, p. 144). Il est évident que c'est sur les mots *Gisna sive Totingetun* de la charte.

4. C'est du moins le nom que lui donne Cassini; la carte de l'État-Major ne le désigne pas nominativement.

5. Henry (*Essai historique, topographique et statistique de l'arrondiss. com-*

devrait peut-être se lire *Eclomii*, dont la traduction serait Eclemy [1] (Pas-de-Calais, arr. de Boulogne, cant. de Guines, comm. de Sainghen).

3⁰ Une donation, en date du mois d'août 831, faite au profit de l'abbaye de Sithiu, par Goibert et son fils Gontbert, de biens à eux appartenant et situés *in loco qui dicitur Curmontium, in pago Bononensi, super fluvium Edivinia* [2]. — *Curmontium* est certainement Cormont [3] (Pas-de-Calais, arr. de Montreuil, cant. d'Etaples). La rivière qui coule près de ce village est un affluent de la Canche et porte actuellement le nom de Dordonne.

4⁰ Un acte du 5 septembre 853, rédigé à Guines (*Ghisna, villa publica*), par lequel Adalard, abbé de Sithiu, donne en précaire à Odwin les biens cédés par celui-ci à l'abbaye, à savoir, trois bonniers *in pago Bononensi, in loco nuncupante Mighem*, avec son bénéfice *in Cafitmere* [4]. Cette charte étant datée de Guines, il nous paraît convenable de chercher aux environs de cette ville les localités mentionnées. Mais elle ne nous a été trans-

munal de Boulogne-sur-Mer, p. 12), dit que c'était l'ancien nom du Wimereux. Il ne donne pas la raison de cette assimilation. Il ne serait pas impossible que ce fût l'existence à l'une des sources de cette rivière, du Wast, qui, au dire d'Yperius, le chroniqueur-abbé de Saint-Bertin, se nommait anciennement *Wasconvillare* (*Thesaurus novus anecdotorum*, t. III, col. 556). Malbrancq (*de Morinis* (1639), t. I, p. 62) avait aussi rapproché le nom de cette rivière de celui de *Wasconivillare*, et il en avait conclu qu'il s'agissait du Slak, dont la source n'est pas éloignée de celle du Wimereux; c'est là une erreur que peut expliquer la pénurie où l'on était en fait de cartes géographiques au commencement du xvii⁰ siècle. On remarquera que dans les divers documents que nous allons employer, on trouve souvent des noms de cours d'eau dont la traduction est très-embarrassante, soit parce que les dénominations actuelles des ruisseaux qu'ils désignent ne sont pas indiqués sur les grandes cartes de Cassini et de l'État-Major, soit qu'ils aient changé de nom depuis l'époque carlovingienne.

1. C'est ainsi que Cassini écrit ce nom. La carte de l'État-Major porte *Edemy*; mais c'est une faute de graveur, car dans la nomenclature de l'administration des Postes, dressée en 1847, l'orthographe de ce nom est conforme à celle de Cassini (Biblioth. Imp., fonds français, n⁰ 10028, f⁰ 820).

2. *Cartulaire de l'abbaye de Saint-Bertin*, édit. Guérard, p. 156.

3. M. de La Plane (*les Abbés de S.-Bertin*, t. I, p. 54) traduit ce nom par Caumont. Ce village, du diocèse d'Amiens, était compris dans le Ponthieu et plus à portée du Ternois que du Boulonnais; de plus il est situé près d'un petit ruisseau, la Fontaine-Riante, qui ne peut être qualifié de *fluvius*. Mais, sans ces raisons, nous préférerions encore Cormont, qui conserve dans son nom l'r de *Curmontium*.

4. *Cartulaire de l'abbaye de Saint-Bertin*, p. 94.

mise que par le cartulaire de Folquin, et les noms de lieu peuvent y avoir subi quelque altération par la faute de cet auteur, ou par celle des copistes de son cartulaire ; du reste Yperius nous a transmis le second de ces noms sous la forme *Camera* (peut-être avait-il écrit *Caviera*)[1] ; et cette forme, comparée à celle de *Cafitmere*, nous autorise à traduire par Caffiers (Pas-de-Calais, arr. de Boulogne, cant. de Guines), identification qui acquiert un grand degré de vraisemblance si l'on remarque que le finage de Caffiers est limitrophe de celui de Guines[1]. *Mighem* devrait sans doute être lu *Imghem;* ce serait alors Inghem (Pas-de-Calais, arr. de Boulogne, cant. de Marquise, comm. de Terdinghem), ancienne paroisse qui conservait encore ce rang au siècle dernier[2], et qui n'est plus aujourd'hui qu'une ferme[3].

5° La vingt-sixième année du règne de Charles le Chauve (865-866), Rodwald donna à l'abbaye de Sithiu, pour l'entretien de son fils Megenfrid, ses possessions *in pago Bononensi, in loco nuncupante Diorwaldingatun super fluviolum.....*[4] (le nom du ruisseau est resté en blanc). — Un nom de six syllabes, comme *Diorwaldingatum*, était trop long pour se transmettre intégralement ; aussi a-t-il dû subir une aphérèse. Cette considération nous porte à le traduire par Wadenthun (Pas-de-Calais, arr. de Boulogne, cant. de Marquise, comm. de S.-Inglevert) ; ce hameau était appelé *Wadingnatu* au XII° siècle[5]. On peut nous objecter que les cartes ne figurent pas de ruisseau près de ce lieu ; mais la lacune qui existe dans le cartulaire à la suite du mot *fluviolum* ne pourrait-elle pas être l'indice de quelque erreur de scribe ?

6° Le 28 novembre 867, Héribert, sa femme Megesinde, et leurs fils Ellembert et Egilbert, donnèrent à l'abbaye de Sithiu leurs biens situés *in pago Taruanensi, in loco nuncupante Campaniam...; itemque, in alio loco nuncupante Quertliaco vel Broma sive Minthiaco, bunaria XX in pago Bononensi super fluvio Elna;* et ils demandèrent en précaire les biens de l'église situés *in loco nuncupante Uphem, in pago Bono-*

---

1. *Chronicon Sithiense,* dans le tome III du *Thesaurus novus anecdotorum,* col. 515. Malbrancq traduit ce nom par Camiers (cant. d'Etaples).

2. Carte de Cassini, feuille 21. — C'était une succursale de la paroisse de Terdinghem (Expilly, *Dictionnaire des Gaules,* t. IV, p. 964).

3. Carte de l'État-Major, feuille 3.

4. *Cartulaire de l'abbaye de Saint-Bertin,* p. 111.

5. Voyez des textes de cette époque dans le *Chronicon Andrense* (Spicilége de d'Achéry, éd. in-folio, t. II, p. 785, 793, 797).

*nensi, super fluvium Helicbruna... et in alio loco nuncu-
pante Wileria in ipso pago*[1]. — Nous n'avons pas à nous
occuper en ce moment de *Campania*, localité du *pagus Taruanensis*, mais seulement des lieux du Boulonnais, qui se divisent
en deux groupes: 1° les possessions primitives d'Héribert, 2° les biens
qu'il reçoit en précaire. Le premier se compose de trois villages,
Quertliacum, *Broma* et *Minthiacum*, aujourd'hui Clerques,
Brêmes et Mentques, tous trois compris dans le canton d'Ardres
(Pas-de-Calais, arr. de S.-Omer); le *fluvius Elna* serait alors
l'*Hem*[2], qui arrose Clerques et se jette dans l'Aa. Dans le second
groupe nous trouvons *Wileria*, aujourd'hui Wierre[3] (Pas-de-
Calais, arr. de Boulogne, canton de Marquise). Quant à la
position d'*Uphem* sur l'*Helicbruna*, elle ne nous semble pas
pouvoir être déterminée avec certitude. M. Le Prévost propose,
il est vrai, comme traduction de ce nom, Offin[4] (Pas-de-Calais,
arr. de Montreuil, cant. de Campagne), et regarde l'affluent de la
Canche qui arrose ce village[5] comme l'*Helicbruna* de la charte.
Nous objecterons à cela qu'il ressort de la géographie des chartes
de Saint-Bertin que le village proposé par le savant géographe
devait être compris dans le pays de Thérouenne et non dans celui de
Boulogne[6]. D'autre part nous serions étonné que les divers biens de
Sithiu dont Héribert demandait la concession à titre précaire ne
fussent pas à proximité les uns des autres; c'est pourquoi, bien que
nous n'ayons trouvé aux environs de Wierre aucun lieu dont le nom
puisse être rapproché d'*Uphem*, nous n'hésiterons pas à proposer,
comme équivalent du *fluvius Helicbruna*, le Wimereux,

1. *Cartulaire de l'abbaye de Saint-Bertin*, p. 113.

2. Suivant Malbrancq (voir la carte du t. II, p. 432;) l'*Elna* serait la
Liane, la rivière de Boulogne; on ne peut admettre cette assertion, car
la Liane n'arrose aucun des villages mentionnés dans la charte.

3. Wileria est bien le nom latin de Wierre; car Wierre-aux-Bois, village du même département, est nommé en latin *Wileria in Silviaco* (*Acta
Sanctorum Julii*, t. IV, p. 82).

4. Lorsque nous mentionnons les opinions de M. Le Prévost, il s'agit de
l'index topographique qu'il a rédigé et qui a été publié par Guérard à la
suite du Cartulaire de Saint-Bertin. Bien que très-incomplet et fautif en
certains points, cet index est bien supérieur aux identifications proposées par les érudits de la contrée.

5. Ce ruisseau est désigné par les officiers d'Etat-Major sous le nom de
« ruisseau de Créquy, » qu'il doit au village près duquel il prend sa source.

6. Offin est en effet situé à 3 kilomètres de la Canche, en deçà de
laquelle commence le Ponthieu, et il se trouve entouré d'autres villages
dépendant du *pagus Taruanensis:* Aix-en-Issart à 6 kilomètres O.-S.-O.;
Embry à 6 kilomètres N., et Fressin à 8 kilomètres E.

petit fleuve qui limite au sud le finage de Wierre. Il existe à l'une des sources de ce cours d'eau un village du nom de Bellebrune, et partant de ce principe reconnu, croyons-nous, de tous ceux qui se sont occupés de l'origine des noms de lieux, que l'on trouve souvent sur les bords des rivières, et principalement à leurs sources, des établissements qui en ont tiré leurs noms, nous inclinons à considérer *Helicbruna* (peut-être aurait-il fallu lire *Belicbruna*) comme la dénomination primitive du Wimereux [1].

7° Le livre des *Miracula sancti Wandregisili* raconte les miracles qui signalèrent en 868 la présence des corps saints de Vandrille (*Wandregisilus*) et d'Ansbert dans la basilique de Saint-Quentin au *predium Walbodeghem, in territorio Bononiensi*[2]. Ces reliques, y est-il dit, guérirent des malades accourus de plusieurs lieux voisins, à savoir *de villa Heringen..., de patrimonio Wachone villare..., de territorio Suevo et villa Laom..., de predio Flammis*[3]. — *Wachonis villare* est indiqué formellement comme étant du même territoire que *Walbodeghem*[4], c'est-à-dire du Boulonnais. Nous montrerons plus loin les raisons qui autorisent à traduire *Wachonis villare* par le Wast (Pas-de-Calais, arr. de Boulogne, cant. de Desvres). Quant à *Walbodeghem*, nous n'avons pu retrouver son emplacement d'une façon certaine; mais le titre du chapitre II du livre que nous citons [5] indique l'église de cette localité comme voisine de Boulogne, et d'autre part le récit nous fait connaître le nom d'un domaine de l'abbaye de St-Vandrille, voisin de *Walbodeghem*,

---

1. Le Wimereux n'a pas de nom bien arrêté; voici comment M. l'abbé Haigneré s'exprime à son égard : « Ce cours d'eau reçoit dans la localité » le nom de tous les villages qu'il traverse ; et prenant sa source à » Boursin, il porte successivement les noms de rivière de Boursin, de » Wast, de Belle, etc. Les historiens que nous avons cités (Henry et Bertrand) lui ont donné le nom de Wimereux, parce que c'est dans cette » bourgade qu'il se réunit à la mer. » (*Mémoires de la Soc. des antiquaires de Morinie*, t. IX, 2° partie, p. 2.)

2. « Vertamus nunc, juvante domino nostrae conscriptionis, stylum ad » ea narranda, quae in territorio Bononiensi ad predium Walbodeghem » per predictos suos famulos domini pietas est agere dignata miracula. » Postquam autem ad eamdem villam venerabilia eorum corpora delata » sunt et posita in basilica sancti martyris Quintini..... » (*Acta Sanctorum Julii*, t. V, p. 285.)

3. *Acta Sanctorum Julii*, t. V, p. 285.

4. « Fuit *in eodem territorio* virgo quaedam de patrimonio Wachone » villa. » (*Acta Sanctorum Julii*, t. V, p. 285.)

5. « Translatio reliquiarum ad S. Petri prope Quentavicum; et alia deinde » ad S. Quintini prope Bononiam..... » (*Acta Sanctorum Julii*, t. V, p. 284.)

ce domaine de *Turbodinghem*[1], aujourd'hui Turbingen, ferme de la commune d'Outreau (Pas-de-Calais, arr. de Boulogne, cant. de Saner) est à une distance de 3 kilom. S.S.Ó. de Boulogne, et on peut supposer avec beaucoup de vraisemblance que *Walbodeghem* était situé sur la rive gauche de la Liane, c'est-à-dire en face de Boulogne, et que son assimilation avec Outreau deviendrait certaine si l'église de ce village était placée sous l'invocation de saint Quentin[2].

8º Un diplôme de 917 accordé par Charles le Simple à l'église de Saint-Corneille de Compiègne, pour remplacer les titres consumés relatifs aux propriétés de cette collégiale. Le premier domaine qui y figure est la *villa Attiniacum, que est sita in Bolonensi pago, quam illis dedit avus noster Karolus, et in Nigella de mansis duodecim*[3]. On doit conclure de ce texte qu'*Attiniacum* était voisin d'un lieu du nom de *Nigella;* aussi ne pouvons-nous traduire ces noms que par ceux de deux villages dont les finages étaient limitrophes : Autingues et Nielles-lès-Ardres, tous deux compris aujourd'hui dans le canton d'Ardres (Pas-de-Calais, arr. de S.-Omer). Nielles était sans doute aussi compris dans le *pagus Bolonensis*, bien que le diplôme ne le dise pas d'une façon expresse.

9º Un diplôme du roi Lother, daté du 7 janvier 962, nous apprend que Reinold, abbé de Saint-Bertin, acheta d' « un homme très-illustre » du nom d'Hugues, moyennant le prix de cinq livres, le *monasterium sancti Michaelis Wachimvillare dictum*[4]. Folquin qui écrivait vers cette même année nous apprend que cette église était située *in pago Bononensi*[5]. Yperius qui mourut en 1383 relatant ce fait, dit : *Sanctus Michaelis in Wasconvillari in*

---

1. « In praedio Turbodinghem, quae est possessio almi patris Wan-
» dregisili et adjacens patrimonio Walbodegem. » (*Acta Sanctorum Julii,*
t. V, p. 286.)

2. A 3 kilomètres 1/2 S.-S.-E. de Turbinghem, nous trouvons dans la commune de Saint-Etienne-au-Mont la ferme d'Eringhen. C'est certainement la *villa Heringen,* un des lieux dont vinrent les malades guéris à Walbodegem.

3. *Cartulaire de Saint-Corneille de Compiègne* (XIII s.), fº 28 vº (Archives de l'Empire LL 1622). Dom Bouquet a publié cette charte (*Recueil des historiens de France,* t. IX, p. 533-534); la copie qu'il a consultée porte *Attinium* au lieu d'*Attiniacum.* Il a également imprimé (t. VIII, p. 659-661) un diplôme de Charles-le-Chauve, daté du 13 mai 877, en faveur de la même abbaye. On y remarque aussi les mots : *in pago Bolinensi villam Attinium.*

4. *Cartulaire de l'abbaye de Saint-Bertin,* p. 150.

5. *Ibid.,* p. 148.

pago Boloniensi..., hic est qui nunc dicitur prioratus de Wasto, qui post in jus Cluniacensium cessit [1]. Bien que le nom du Wast ne semble pas être dérivé de celui de *Wachimvillare*, nous n'en admettons pas moins l'identification donnée au XIVe siècle par l'abbé de Saint-Bertin, sans doute d'après une tradition de son monastère; le prieuré de Wast fut toujours placé sous l'invocation de saint Michel.

Ce diplôme est le dernier acte où apparaisse le *pagus Bononensis*. Ce pays continua cependant d'avoir des limites bien définies comme comté, et son nom fut au moyen-âge attaché comme surnom à des localités de son territoire, qui pouvaient être confondues avec certains villages homonymes et voisins. Nous n'avons pas fait une étude assez approfondie des documents de l'époque féodale relatifs à cette contrée pour pouvoir donner une liste des villages dont la situation dans le Boulonnais est ainsi constatée; en voici néanmoins quelques uns :

Bazinghen [2] (Pas-de-Calais, arr. de Boulogne, cant. de Marquise).

Belle [3] (*ibid.*, arr. de Boulogne, cant. de Desvres).

Nielle [lès-Ardres] [4] (*ibid.*, arr. de Boulogne, canton d'Ardres).

Nous pourrions ajouter à ces noms celui de Campagne-lès-Boulonnais (Pas-de-Calais, cant. d'Hucqueliers), car ce village est nommé *Campagne in Bolonesio* dans un pouillé de 1648 [5], rédigé d'après un pouillé bien plus ancien. Mais il nous semble que son véritable surnom était *lès-Boulonnais*, pleinement justifié par sa situation près du gouvernement de ce nom; en effet ce village était avant la Révolution l'un des villages de l'Artois limitrophes du Boulonnais.

Voici, d'après les documents antérieurs à l'an mille, une liste de lieux qui faisaient partie du *pagus Bononensis :*

Autingues	Eclemy
Brêmes	Guines
Caffiers	Inghem
Clerques	Leulinghem
Cormont	Mentques

1. *Thesaurus novus anecdotorum*, III, col. 556.
2. « Basinghen-en-Boulonois » (Carte de Cassini, feuille 21).
3. *Pouillé du diocèse de Boulogne*, p. 4; dans le *Pouillé général contenant les bénéfices de l'archevêché de Reims* (1648).
4. *Ibid.*, p. 15.
5. *Ibid.*, p. 11.

<table>
<tr><td>Todinctum</td><td></td><td>Wadenthun</td></tr>
<tr><td>Turbingen</td><td></td><td>Wast (le)</td></tr>
<tr><td></td><td>Wierre-Effroy.</td><td></td></tr>
</table>

Toutes ces localités dépendaient de l'archidiaconé d'Artois, au diocèse de Thérouenne, et toutes, à l'exception de Clerques, Guines et Mentques, étaient, en 1789, comprises dans le gouvernement du Boulonnais [1]. Mais il ne paraît pas bien certain que le dernier de ces villages, Mentques, ait fait partie de ce pays ; car si une charte de 867 le place, ainsi que Clerques et Brêmes, dans le *pagus Bononensis*, il aurait d'après un acte de 877 fait partie du *pagus Taruanensis* [2]. On peut donc supposer qu'il y a une légère erreur dans la première de ces pièces, et attribuer cette erreur à ce que Mentques était énoncé à la suite de Clerques et de Brêmes. Quant à Clerques, on n'a qu'à jeter un coup-d'œil sur la carte jointe à ce mémoire, pour voir qu'il a pu faire partie du Boulonnais à une certaine époque, ou du moins être considéré comme tel ; car son finage était resserré entre le Boulonnais et la paroisse de Bonningues-lès-Ardres, enclave de ce gouvernement en Artois.

Il y a une autre raison pour exclure Guines du Boulonnais. Le territoire de cette localité était un domaine de l'abbaye de Saint-Bertin [3] et ne faisait pas, par conséquent, partie du comté de Boulogne au xe siècle. Au temps d'Ardolf, comte de Boulogne, de Thérouenne et abbé de Saint-Bertin, un danois du nom de Sifrid envahit le domaine de Guines, y construisit un château-fort, s'y maintint malgré la résistance d'Ardolf, et prit le titre de seigneur de Guines. C'était un vaillant homme d'armes, et il ne tarda pas à acquérir l'amitié du frère même d'Ardolf, Arnoul, comte de Flandre, qui le reçut à foi et hommage de la terre de Guines. « C'est là, dit Lambert d'Ardres, le commencement des comtes » de Guines, dont le premier fut Ardolf le bâtard. » En effet, Arnoul le Jeune, comte de Flandre, après avoir pris soin de la jeunesse d'Ardolf, fils posthume de Sifrid et d'Elstrude de Flandre,

---

1. Hâtons-nous d'ajouter, pour montrer l'importance de la comparaison du *pagus Bononensis* avec le gouvernement du Boulonnais, que ce dernier ne paraît comprendre aucune des localités attribuées au *pagus Taruanensis* par les documents.

2. *Cartulaire de l'abbaye de Saint-Bertin*, p. 122.

3. Voir une description des biens de l'abbaye au temps de l'abbé Adalard (844-868) dans le *Cartulaire de l'abbaye de Saint-Bertin*, p. 105.

l'éleva à la chevalerie et lui donna le comté de Guines [1], auquel ses descendants joignirent par la suite différentes châtellenies. Ce comté fut réuni à la couronne par la confiscation des biens du connétable Raoul de Brienne, décapité en 1350.

Bien que nous ayons dit plus haut que le Boulonnais ne s'étendait pas au-delà de l'archidiaconé d'Artois, dont il formait la portion occidentale, il est certain que Marck, chef-lieu d'un des doyennés de l'archidiaconé de Flandre [2], et Calais, qui était compris dans ce doyenné, ont appartenu au comté de Boulogne. Le territoire de Marck (*territorium Mercutii*), comprenant Marck, Calais et leurs dépendances, fut donné par Baudoin le Chauve, comte de Flandre (879 à 918), à son neveu Hernequin, comte de Boulogne (mort en 882), qui lui en fit hommage, et ce fut là, suivant une ancienne chronique, le premier hommage fait par un comte de Boulogne à un comte de Flandre [3]. Robert VI, comte d'Auvergne et de Boulogne, céda en 1260 ce territoire à Mahaut de Brabant, comtesse d'Artois, qui lui disputait la possession du comté de Boulogne [4], et il fut réuni par ce fait au comté d'Artois. Ce territoire, qui était séparé du comté de Boulogne proprement dit par celui de Guines, était si peu considéré comme boulonnais, que deux chroniqueurs du commencement du XIIIe siècle n'hésitent pas à qualifier Calais de « port de » Flandre » [5].

Nous ne pouvons omettre de mentionner ici des faits qui occasionnèrent certains changements dans la géographie du nord du Boulonnais. En 1347, Calais tomba aux mains des Anglais après un siège de dix mois. Par le traité de Bretigny, en 1360, la possession de cette ville fut assurée au roi d'Angleterre, et on dut y ajouter le territoire de Marck, et le comté de Guines réuni à la couronne dix ans auparavant [6]. En 1377, les Français reprirent Ardres, chef-lieu d'une baronnie du comté de Guines;

---

1. Lambert d'Ardres. *Chronicon Ghisnense et Ardense*, éd. de M. de Godefroy-Menilglaise, p. 37.

2. Desnoyers. *Topographie ecclésiastique de la France*, p. 587.

3. *Art de vérifier les dates*, édit. in-folio, t. II, p. 760.

4. *Ibid.*, t. II, p. 767.

5. « Portus Flandriae quem Calais diximus. » (Chronique de Robert, chanoine de Saint-Martin d'Auxerre, chez dom Bouquet, t. XVIII, p. 284; et Chronique anonyme du chanoine de Soissons, *ibid.*, p. 719). Benoît de Peterborought dit « Calais in Flandriam. » (Dom Bouquet, t. XVII, p. 497).

6. Articles IV et V du traité de Bretigny (*Les Grandes Chroniques de France,* édition in-12 de M. Paulin Paris, t. VI, p. 177-178).

mais Calais, Marck et Guines restèrent sous la domination anglaise jusqu'en 1553, époque où le duc de Guise reprit Calais. Le pays ainsi rendu à la France forma jusqu'en 1790 un gouvernement particulier sous le nom de *Calaisis* ou *Pays reconquis*. Quant à Ardres, il faisait alors partie du Boulonnais, et son annexion ne peut modifier l'opinion que nous avons émise sur le rapport qui existait entre ce gouvernement et le *pagus Bononensis*. En effet, bien que la réunion de la baronnie d'Ardres au comté de Guines ne fût pas antérieure à la seconde moitié du XIIe siècle [1], on doit être assuré qu'Ardres faisait jadis partie du *pagus Bononensis*, car, suivant un diplôme de 877, Autinghem, dont le finage touche celui d'Ardres, était compris dans ce *pagus* [2]. Mais le changement le plus grave occasionné par l'occupation anglaise eut certainement lieu dans la topographie ecclésiastique; car les Anglais soumirent le territoire conquis par eux à l'archevêque de Cantorbéry en Angleterre, tandis que les quelques paroisses des doyennés de Guines et de Marck situées en dehors de la terre anglaise restèrent au diocèse de Thérouenne [3]. Ces deux doyennés, dont le premier appartenait à l'archidiaconé d'Artois et le second à celui de Flandre, ne furent pourtant pas supprimés; mais celui de Guines prit le nom d'Ardres [4]. Bien que lors du traité d'Aire (1559), les Anglais eussent été chassés du sol français, les paroisses qui leur avaient été soumises ne figurent pas encore dans le partage de l'ancien diocèse de Thérouenne; c'est cette circonstance qui nous a empêché de rétablir d'une manière certaine la limite des deux archidiaconés aux environs de Calais [5].

---

1. Cette réunion avait été amenée par le mariage de Beaudouin II, comte de Guines (1169-1206) avec Chrétienne d'Ardres.

2. De plus, suivant le témoignage de Lambert d'Ardres, Selnesse, qui était à la fin du Xe siècle le siége de la seigneurie d'Ardres, était situé *in terra Ghisnensi* (*Chron. de Lambert d'Ardres*, éd. Godefroy-Menilglaise, p. 219). On sait que la terre de Guines faisait partie du Boulonnais.

3. Desnoyers, *Topographie ecclésiastique de la France*, p. 697.

4. C'est du moins ainsi qu'il est désigné dans le traité d'Aire (Miraeus, *Opera diplomatica*, t. IV, p. 662).

5. Comme limite probable des deux archidiaconés, nous avons donné dans notre carte la limite septentrionale de l'ancien comté de Guines telle que nous la fournit la carte du comté de Guines jointe à l'édition de la *Chronique de Lambert d'Ardres*, donnée par M. de Godefroy-Menilglaise (un volume in-8°, Saint-Omer, 1855).

PAGUS TARUANENSIS.

Les notions, que nous possédons sur le Ternois ou pays de Thérouenne, sont plus nombreuses que celles qui concernent le Boulonnais ; cela provient de l'étendue plus grande du premier de ces pays, et, en outre, de ce que les documents, que nous avons plus particulièrement consultés, se rapportent généralement à l'abbaye de Saint-Bertin (*Sithiu*), qui était située dans le Ternois.

Nous n'énumérerons pas les chartes du VIIe et du VIIIe siècles où l'on trouve reproduite cette indication, que l'abbaye de Sithiu, qui donna naissance à la ville de Saint-Omer, était située *in pago Taruanense* [1]. Outre ces chartes nous avons trouvé vingt-et-une mentions de ce *pagus* :

1°. La charte de fondation de l'abbaye de Sithiu, qui est datée de 648, nous apprend que Bertin étant venu dans le diocèse de Thérouenne à la prière de l'évêque Omer, reçut d'Adroald pour y élever un monastère la *villa* de *Sitdiu* et ses dépendances : *in pago Taroanense, villam proprietatis meae nuncupante Sitdiu, supra fluvium Agniona, cum omni merito suo, vel adjacentiis seu aspicientiis ipsius villae; haec sunt : villa Magnigeleca. Wiciaco, Tatinga villa, Amncio, Masto, Fabricinio, Losantanas, et Ad Fundenis seu Malros, Alciaco, Laudardiaca villa, Franciliaco, cum omni merito eorum* [2]. La situation de Sithiu ne laisse aucun doute, puisque l'abbaye qui y fut édifiée sous l'invocation de saint Pierre et saint Paul, et où furent ensevelis saint Bertin et son ami l'évêque Omer, dut à cette circonstance de changer plus tard son nom primitif contre celui de Saint-Bertin, tandis que la ville formée autour de l'abbaye se plaçait sous le patronage du saint évêque Omer. Quant aux lieux indiqués par la charte comme dépendant de Sithiu, on doit les chercher, bien qu'on ne semble pas s'en être parfaitement rendu compte jusqu'ici, auprès de la ville de Saint-Omer. *Wiciacum* est aujourd'hui Wisques (Pas-de-Calais, arr. de S.-Omer, cant. de Lumbres) ; *Tatinga villa* est Tatinghem [3] (canton sud de

---

1. *Cartulaire de l'abbaye de Saint-Bertin*, p. 21 (année 662), p. 32 (année 687), p. 42 (année 718), p. 45 (année 721), p. 57 (année 769), etc.

2. *Ibid.*, p. 18.

3. La finale *hem*, qui termine ce nom et se retrouve dans un grand

S.-Omer) ; *Alciacum* se retrouve dans Zudausques [1] (cant. de Lumbres). Nous croyons devoir nous abstenir de traduire les autres noms, parce que nous serions obligé de nous éloigner de ce groupe pour leur chercher des équivalents [2].

2°. Une charte du 16 mai 704 relate la vente faite par Eodbert à Rigobert, abbé de Sithiu, de ce qu'il possédait *in loco nuncupante Rumliaco in pago Taruanense* ; ce bien était échu à Eodbert à la mort de Chardebert son fils [3]. *Rumliacum* doit

nombre de noms de lieux d'origine germanique, a le sens de « demeure; » *Tatinghem* représente donc parfaitement *Tatinga villa*.

1. A première vue, on peut trouver étrange la traduction d'*Alciacum* par Zudausques; ce nom serait devenu Aucy chez les populations du dialecte français et Auchy chez les Picards. Mais nous ferons observer que dans le pays des Morins, la terminaison *iacum* produisait ordinairement *eques*, dont très-souvent l'*e* finissait par devenir muet : c'est ainsi que Mentques, Setques, Wisques, représentent *Minthiacum, Setthiacum, Wiciacum*. Dans la contrée qui nous occupe, *Alciacum* devint nécessairement *Ausques*, et, par la suite, l'existence de deux villages du même nom à 8 kilomètres de distance, a fait éprouver le besoin de les distinguer par des surnoms. Suivant un usage dont on trouve un certain nombre d'exemples dans les environs, on les distingua par les noms de Nordausques et de Zudausques (Ausques du Nord et Ausques du Sud). Si nous nous en rapportons à M. Courtois, ces surnoms ne seraient pas antérieurs au xvie siècle, car jusqu'à cette époque Nordausques aurait été simplement désigné par le nom d'Ausques (*Mémoires de la Soc. des antiquaires de Morinie*, t. IX, 2e partie, 66). C'est donc à tort que M. Le Prévost a traduit *Alciacum* par Auchy-les-Moines (cant. du Parq); ce village est à une distance de 40 kilomètres de Saint-Omer, et cette considération aurait dû suffire pour empêcher cette identification. Il eût été encore préférable de s'en tenir à l'opinion d'Aubert le Mire qui le plaçait à Auchy-aux-Bois (cant. de Norrent-Fontes); ce village n'étant situé qu'à 23 kilomètres de Saint-Omer. (*Opera diplomatica*, éd. Foppens, t. I, p 7).

2. Quelques-uns de ces noms ont été l'objet d'interprétations. — *Laudardiaca* a été traduit par Landrethun (Harbaville, *Mémorial histor. et archéolog. du dép. du Pas-de-Calais*, t. II, p. 189). — Longuenesse représenterait *Losantanas* (*Ibid.*, t. I, p. 253); cette traduction qui émane de Malbrancq, ne saurait être adoptée, car le nom français ne peut être dérivé de ce nom latin. — Nous ne trouvons que les termes *ad Fundenis seu Malros* qui aient été l'objet d'une hypothèse sérieuse. M. Le Prévost a supposé que ces deux noms se rapporteraient au même lieu, qui serait Fontaine-les-Hermans (Pas-de-Calais, arr. de Saint-Pol, cant. d'Heuchin); mais ce village est éloigné de 25 kilomètres de Saint-Omer (*Sithiu*) et ne remplit pas, par conséquent, les convenances du voisinage indiqué par la charte. Suivant Harbaville (*Mémorial historique*, t. I, p. 384), *ad Fondenis* désignerait le village de Fontes (com. de Norrent-Fontes); celui-ci n'est qu'à 20 kilomètres de Saint-Omer.

3. *Cartulaire de l'abbaye de Saint-Bertin*, p. 38.

être traduit par Rombly (Pas-de-Calais, arr. de Béthune, cant. de Norrent-Fontes) [1].

3° Une charte du 29 août 723 constate que Rigobert (ce n'est pas de l'abbé de Sithiu qu'il s'agit) vendit à Erkembod, évêque de Thérouenne et abbé de Sithiu ses diverses propriétés, *hoc est omnes villas meas nuncupantes Sethtiaco super fluvium Agniona, cum adjacentiis suis Kelmias et Strato; et, infra Mempisco, Leodringas mansiones, seu Belrinio super fluvio Quantia, sitas in pago Taruanense, cum adjacentiis suis, quae sunt in pago Pontivo, in loco nuncupante Monte, super fluvio Alteia* [2]. L'assimilation de *Sethtiacum* et de Setques (Pas-de-Calais, arr. de St.-Omer cant. de Lumbres) n'est pas contestable, car ce village est effectivement situé sur l'Aa (*Agniona*), et, de plus, on trouve tout auprès de ce lieu et dans le même canton Quelmes et Austra (ham. de la commune d'Esquerdes) [3]. Les *mansiones Leodringas* dites *infra Mempisco*, bien qu'étant indiquées ainsi que les autres localités dans le pays de Thérouenne, doivent être cherchées dans la partie comprise plus tard dans la Flandre ; ce serait Ledringhem [4]

1. On a proposé Rumilly et Remilly-le-Comte comme traduction de *Rumliacum* (Harbaville, *Mém. historique*, t. II, p. 223). Il n'est pas besoin de faire remarquer combien le nom de Rombly, proposé avant nous par M. Le Prévost, correspond mieux à *Rumliacum*. Ce nom, dans lequel il n'y a pas de voyelle entre l'*m* et l'*l*, devait nécessairement produire Rombly. Cela n'a pas empêché M. de la Plane de préférer Remilly, par la raison que cette localité est plus rapprochée de Saint-Omer (*les Abbés de Saint-Bertin*, t. I, p. 14) ; la charte n'exige pas cependant que l'on cherche *Rumliacum* tout auprès de Saint-Omer.

2. *Cartulaire de l'abbaye de Saint-Bertin*, p. 49.

3. Dans son ouvrage sur *les abbés de Saint-Bertin* (t. I, p. 35), M. de la Plane corrompant, nous ne savons par quelle méthode, le texte de la charte de 723, y lit *Mempisco Stato* au lieu de *et Strato, et infra Mempisco*, mêlant ainsi deux membres bien différents d'une même énumération ; et il se demande s'il ne s'agirait pas du pays (il n'osait évidemment pas mettre *cité*) des Ménapiens. Dans l'errata du même volume (p. 394), il dit que *Strato* ou *Stratae* a pu faire Etrées. Il avait sans doute en vue Estrées-Cauchie (cant. d'Houdain) auquel on ne peut appliquer la particularité du voisinage de Setques. M. Courtois était mieux inspiré sous ce rapport en proposant Etréhem (*Mém. de la Société des antiquaires de Morinie*, t. IX, 2e partie, p. 65) ; ce hameau n'est distant de Setques que de 3 kilom.

4. Dans l'*Index generalis* du cartulaire de Saint-Bertin M. Guérard a appliqué par erreur aux *mansiones Leodringas*, l'indication topographique *super fluvium Quantia*, qui se rapporte à *Belrinium;* toutefois M. Le Prévost a recherché ce lieu dans la partie septentrionale du diocèse de

(Nord, arr. de Dunkerque, cant, de Wormhoudt). *Belrinium super fluvio Quantia* est sans contredit Beaurainville [1] (Pas-de-Calais, arr. de Montreuil, cant. de Campagne), village situé sur la rive gauche de la Canche (*Quantia*), au sud de laquelle se trouvait le Ponthieu ; les *adjacentiae* de Beaurainville se trouvaient dans ce dernier pays.

4° Une charte du 10 juin 788 nous apprend qu'Hardrad, abbé de Sithiu, acheta de Sigeberte tout ce que celle-ci possédait *in loco nuncupante Fresingahem situm in pago Taruuanense super fluvium Agniona*, à l'exception d'un journal de terre [2]. C'est de Fersinghen sur l'Aa [3] (Pas-de-Calais, arr. de St.-Omer, cant. de Lumbres, comm. d'Esquerdes), qu'il s'agit.

5° Le 3 août 800, le clerc Déodat vendit à l'abbaye de Sithiu ses biens situés *in locis nuncupantibus in Sanctum et in Ascio super fluvio Widolaci, et in Fresinnio super fluvio Capriuno, et Hilduualdcurt, et in Lonasto super fluvio*

Thérouenne et proposé d'une façon dubitative Lederzelle (Nord. arr. de Dunkerque, cant. de Wormhoudt). Il eût pu invoquer en faveur de cette hypothèse les paroles d'Yperius, qui écrivait, au XIV° siècle, en parlant de l'acquisition d'Erkembod : « Leodrelinghas mansiones, nunc dicitur Le-» derselle in pago Mempisco. » (*Thesaurus novus anecdotorum*, t. III, col. 482). Malgré cette assertion nous préférons Ledringhem, village du même canton, et nous nous rencontrons en cela avec M. Mannier (*Etudes étymologiques, historiques et comparatives sur les noms des villes, bourgs et villages du département du Nord*, p. 23).

1. Cette traduction ne pouvait être l'objet d'aucun doute. L'identité de *Belrinium* est déjà constatée au XIV° siècle par Yperius : « *Et Bebrinum* » (lisez *Belrinum*) que nunc est prioratus majoris monasteria, et nunc » dicitur de Belloramo » (*Thesaurus novus anecd.*, t. III, col. 482). Observons que la terminaison du nom de Beaurain*ville* n'est qu'un surnom qui a pour objet de distinguer le village du château, que l'on appelle Beaurain-Château.

2. *Cartulaire de l'abbaye de Saint-Bertin*, p. 62.

3. L'indication de la situation de *Fresingahem* sur l'Aa (*Agniona*) semble devoir faire accepter sans conteste la traduction que nous donnons après M. Le Prévost (ce savant écrit Farsingue; mais nous avons préféré l'orthographe de la carte de l'Etat-Major, qui rappelle mieux l'ancien nom). M. H. de la Plane ne s'est évidemment pas rendu *compte de la valeur de cette indication* lorsqu'il déclare n'oser affirmer l'interprétation donnée, dit-il, par M. Guérard ; il incline pour Fressin. (*Les abbés de Saint-Bertin*, t. I, p. 35.) Une étude plus sérieuse des documents lui eût montré le côté vulnérable de son opinion; Fressin n'est pas voisin de l'Aa (*Agniona*), et la charte que nous analysons après celle-ci donne le nom de *Fresinnium* à ce village, qui y est dit être situé sur le *fluvius Capriunum*. M. Mannier considère également Fressin comme le nom moderne du *Fresingahem* de la charte de 788. (*Etudes étymologiques*, p. 186.)

Abbunfuntana in pago Taruanense[1]. On supposerait que l'indication de trois cours d'eau pourrait aider à la traduction des noms de lieux mentionnés dans cette charte; mais ces cours d'eau paraissent avoir changé de noms. On ne peut toutefois méconnaître l'identité de *Sanctum* avec Sains-lès-Fressins (Pas-de-Calais, arr. de Montreuil, cant. de Fruges); le village voisin Fressins (même canton) représente évidemment le *Fresinnium super fluvium Capriuno*, et la rivière désignée sous ce dernier vocable doit être par cela même la Planquette, affluent de droite de la Canche, qui a pris son nom actuel du village de Planques situé à sa source. L'assimilation de *Capruinum* avec la Planquette offre un caractère complet de certitude, car le premier de ces noms est resté à l'un des villages arrosés par cette rivière; nous voulons parler de Cavron. Les raisons de voisinage nous portent à identifier *Ascium* avec Aix-en-Issart (Pas-de-Calais, arr. de Montreuil, cant. de Campagne) plutôt qu'avec Aix-en-Ergny [2] (même dép., cant. d'Hucqueliers). Le ruisseau qui passe à Aix-en-Issart et que l'on nomme actuellement Bras de Brône serait alors le *fluvius Widolaci* de la charte. Aucun indice ne peut nous mettre sur la trace des noms modernes d'*Hilduualdcurt* et de *Lonastum*, bien que l'on sache que ce dernier bien était situé sur le *fluvius Abbunfontana* [3].

6°. Un acte du mois d'avril 811 rappelle une donation faite par Folbert à Nanther, abbé de Sithiu, pour l'âme de sa mère Eberte. Cette donation consiste en une certaine partie de l'héritage de Folbert, à savoir : cinq bonniers de terre, un pré nommé *Brattingadala* et ce qui dépendait de ce pré, *in loco nuncupante in Campanias in pago Taruuanense*[4]. Parmi les divers lieux du nom de Campagne, que l'on rencontre dans le pays qui nous

---

1. *Cartulaire de l'abbaye de Saint-Bertin*, p. 65.

2. M. Le Prévost traduit *Ascium* par Aix-en-Ergny; nous préférons Aix-en-Issart, parce que ce village est bien plus rapproché que l'autre de Sains et de Fressin, entre lesquels *Ascium* est nommé. De plus Aix-en-Ergny faisait partie de la contrée qui conserva jusqu'à la Révolution le nom de Boulonnais et n'a jamais été compris dans le pays de Thérouenne. Enfin Aix-sur-Ergny est situé au bord de l'Aa, que les chartes latines s'accordent à désigner sous le nom d'*Agniona*, et il faudrait en conclure, avec M. Le Prévost, que la rivière *Widolaci* était le bas Aa, ce qui nous paraît inadmissible.

3. Suivant Malbrancq (*De Morinis*, t. I, index rerum et verborum). *Lonastum* serait Loon (cant. de Gravelines); dans ce cas le *fluvius Abbunfuntana* serait le Mardick.

4. *Cartulaire de l'abbaye de Saint-Bertin*, p. 72.

occupe, nous préférons pour l'interprétation de ce document Campagne-lès-Boulonnais [1] (Pas-de-Calais, arr. de Montreuil, cant. d'Hucqueliers); nous motivons notre choix sur ce que ce lieu est plus à proximité qu'aucun autre de Baincthun (*Bagingatun*), village situé à 6 kilom. E. S. E. de Boulogne, et, où le donateur résidait suivant toute probabilité; car c'est de ce lieu qu'est daté l'acte de donation.

7° Un diplôme de l'empereur Louis-le-Pieux, énumérant et confirmant les possessions de l'abbaye de Saint-Riquier, et daté de 831, mentionne la *cellula quae vocatur Botritium in pago Terragonensium*, où résidaient six chanoines de ce monastère [2]. *Botritium* nous paraît être Bouret-sur-Canche (Pas-de-Calais, arr. de St.-Pol, cant. d'Aux).

8° Une charte du 28 novembre 867, que nous avons mentionnée parmi celles qui concernent le Boulonnais, constate la donation faite par Héribert à l'abbaye de Sithiu, de biens situés *in pago Taruuanensi in loco nuncupante Campaniam* et dans diverses localités du Boulonnais [3]. Ce *Campania* est probablement le même que le *Campaniae* du diplôme de 831.

9° Par une charte du même jour que la précédente, Leodric donna aux religieux de Sithiu sa propriété située *in loco nuncupante Mekerias in pago Teruuanense infra Mempiscum... et in alio loco nuncupato Heingasele in pago suprascripto*, et demanda en précaire les biens de leur église situés *in loco nuncupante Vualdringahem in pago Taruuanensi super fluvium Dilgia* [4]. Nous n'avons trouvé dans la portion du diocèse de Thérouenne qui dépendait du *Mempiscus* aucune localité que nous puissions assimiler avec certitude à *Mekeriae* et à *Heingasele*. Notons toutefois que cette dernière localité était située au bord de l'Yser; c'est du moins ce que dit Yperius [5]. Quant à *Vualdringahem*, c'est vraisemblablement *Vaudringhem* (Pas-de-Calais, arr. de St.-Omer, cant. de Lumbres); le ruisseau de Ble-

1. Le surnom de ce village n'indique pas qu'il ait fait partie du Boulonnais, mais simplement qu'il en était voisin. M. Le Prévost hésite entre ce village et Campagne du canton d'Ardres; mais ce dernier devait être compris dans le Boulonnais.

2. *Chronicon Centulense* dans le *Spicilège* de d'Achéry, éd. in-f°, t. II p. 312.

3. *Cartulaire de l'abbaye de Saint-Bertin*, p. 112.

4. *Ibid.*, p. 115.

5. « In Merserias in pago Tarruanensi infra... et in eodem pago in Hemgaselle super fluvium Isara (*Thesaurus novus anecdotorum*, t. III, col. 522).

quin, qui arrose ce village et doit son nom actuel à un village voisin, serait donc le *fluvius Dilgia*.

10° Un acte du 27 juillet 868 constate que Bernard et Erkembald, fils d'Asbald, donnèrent à Gontbert, au nom de leur père, tout ce que celui-ci possédait *in Humbaldingahem et in Embrica in pago Taruencnsi*.[1] — *Humbaldingahem* peut être devenu par aphérèse Boisdinghem[2] (Pas-de-Calais, arr. de St.-Omer, cant. de Lumbres). *Embrica*, qu'une autre charte du cartulaire de Saint-Bertin désigne sous le nom d'*Embriacum*, est sans contredit Embry (Pas-de-Calais, arr. de Montreuil, cant. de Fruges).

11° On trouve dans le livre des miracles de saint Vandrille le récit de la guérison d'un certain Raduin *ex pago Taruanensi et villa Amaniaco*. Cet homme, estropié depuis environ quatorze ans par la contraction des nerfs de ses jambes, aurait obtenu sa guérison en se faisant conduire dans l'église où se trouvaient les reliques de saint Vandrille et de saint Ansbert[3]. Cela se passait, suivant l'hagiographe, qui semble contemporain, quelques années après l'année 868. Nous sommes indécis sur la traduction du nom *Amaniacum*. Nous proposons sous toute réserve, Menca (Pas-de-Calais, arr. de Montreuil, cant. de Fruges).

13° Par une charte du 16 mars 875, le monastère de Sithiu donna à Rothfrid divers biens situés *in loco nuncupato Stratsele super fluvio Niopa, in pago Taruuanense, intra Mempiscum*, et Rothfrid céda en échange au monastère ce qu'il possédait *in loco nuncupante Crumbeke, in pago Taruanense, intra Mempiscum, super fluvium Fleterna*[4]. — *Stratsele* est représenté par Strazeele (Nord, arr. et canton sud d'Hazebrouck), village situé près de la source d'un ruisseau, qui arrose son finage et qui est sans doute le *fluvius Niopa*. On retrouve *Crumbeke* dans le village de Crombeke (Royaume de Belgique, Flandre occidentale, arr. d'Ypres, cant. d'Haringues) ; à un peu plus de 2 kilomètres de là coule une rivière, du nom de Vleteren[5] qui reproduit

1. *Cartulaire de l'abbaye de Saint-Bertin*, p. 167.
2. M. Mannier regarde Eblinghem (Nord) comme une contraction d'*Humbaldinghem* (*Etudes étymologiques*, p. 55). Cela nous semble inadmissible, surtout en présence des deux plus anciennes formes certaines connues à M. Mannier : *Iblingehem* en 1142 et *Imblingeem* en 1160 ; les documents postérieurs reproduisent généralement ces noms avec peu de changement.
3. *Acta Sanctorum Julii*, t. V, p. 28.
4. *Cartulaire de l'abbaye de Saint-Bertin*, p. 117.
5. Carte de Belgique, au 80,000°, feuille 6.

parfaitement le latin *Fleterna*. Certaines cartes, notamment celle de Cassini, ne mentionnent pas ce nom et appellent ce cours d'eau rivière de Poperingues ou d'Elsendam[1] ; mais quand même ces noms prévaudraient, celui de Vleteren resterait dans les appellations de deux villages voisins de Crombeke et situés l'un à l'ouest, l'autre à l'est de cette rivière : ce sont Westvleteren et Oostvleteren.

14° Par un diplôme du 27 juin 877, Charles le Chauve donna à l'abbaye de Sithiu des biens situés *in pago Ternensi, in villa Turringahem... et in Menolvingahem,... in Belrinio,... in Menteka... et in Vertuno*[2]. — C'est le premier document où l'on remarque la forme *Ternensis*, d'où est venu le nom français de Ternois. — *Turringahem* est devenu par adoucissement Tournehem[3] (Pas-de-Calais, arr. de St-Omer, cant. d'Ardres). *Belrinium* est aujourd'hui Beaurainville ; nous l'avons déjà vu nommé en 723. Nous avons vu aussi *Menteka* désigné, dans une charte antérieure de dix ans seulement, sous la forme plus ancienne de *Minthiacum*, que nous avons traduite par Mentques. Il n'est pas inutile de rappeler que dans cette dernière pièce, Mentques était indiqué comme faisant partie du Boulonnais. Nous n'avons pu réussir à trouver des hypothèses satisfaisantes pour la traduction de *Menolvingahem* et de *Vertunum*[4] ; il est présumable que le premier de ces noms s'est contracté par aphérèse.

15° En juillet 877, Charles le Chauve fit à l'abbaye d'Hasnon, au diocèse de Cambray diverses donations constatées par un diplôme. On y lit entre autres indications : *in comitatu Tardanensi villam Auciacum super fluvium Wellula cum omnibus mansis*[5]. Le nom de *Tardanensis* désignerait incontestablement le Tardenois ; mais est-il bien certain qu'Aubert le Mire, d'après lequel Dom Bouquet a reproduit ce diplôme, ait bien lu ? En tout cas le Tardenois était bien loin du monastère d'Hasnon.

1. Carte de Cassini, feuille 6.
2. *Cartulaire de l'abbaye de Saint-Bertin*, p. 122.
3. M. Harbaville dit que *Turringahem* est Gauchie-à-la-*Tour* (*Mémorial historique et archéologique du département du Pas-de-Calais*, t. I, p. 377). Pour faire justice de cette traduction, il suffit de faire remarquer que ce village doit être désigné en latin sous le nom de *Calceia ad turrim*.
4. Nous ne proposons pas comme traduction de *Vertunum*, Vertón (Pas-de-Calais), arr. et cant. de Montreuil ; ce village du diocèse d'Amiens et compris dans le Ponthieu, n'ayant jamais pu faire partie du Ternois.
5. Miraeus, *Opera diplomatica*, éd. Foppens, t. I, p. 33. — Dom Bouquet, t. VIII, p. 663.

Malbrancq contemporain d'Aubert le Mire, parle aussi de cette charte; il lit *Tarüanensis* et traduit *Alciacum* par Auchy-au-Bois (Pas-de-Calais, arr. de Béthune cant. de Norrent-Fontes) ; suivant le même auteur la *Wellula* serait la Laquette, affluent de l'Aa [1], qui prend sa source à 4 kilomètres O. d'Auchy-au-Bois.

16° On lit dans le cartulaire de Saint-Bertin, rédigé par Folquin vers l'année 961, qu'en 935 environ, les Normans, dont la flotte était réunie à Rouen, dévastèrent le littoral des pays voisins; qu'à cette nouvelle, le roi Raoul rassembla l'armée franque, accourut *in pago Taruanense* pour combattre les envahisseurs, et qu'il leur livra bataille *in monte qui dicitur Falcoberg*, où il les défit [2]. *Falcoberg* est aujourd'hui Fauquembergues (chef-lieu de canton de l'arrondissement de St.-Omer).

Le même Folquin nous apprend que la douzième année du règne de Théodoric (685), la bienheureuse Berthe commença à établir sur ses biens un monastère à *Blangiacum in pago Taruanorum* [3]. — *Blangiacum* est aujourd'hui Blangy (Pas-de-Calais). Ce monastère de femmes, ayant été réduit en cendres lors des invasions des Normans, fut rétabli au xi° siècle, et Roger, comte de Saint-Pol, dans le domaine duquel il était situé, y mit des moines de Fécamp [4].

17° Adson Hermericus, abbé de Luxeuil, qui mourut en 974, a écrit une vie de saint Walbert, qui vivait au vii° siècle; il nous y apprend que ce saint donna au monastère de Saint-Pierre [de Luxeuil], dont il était abbé, le *vicus Herlerum, in pago Tarnensi*, avec toutes ses dépendances, ainsi que ce qu'il possédait dans le Ponthieu [5]. Les Bollandistes ont traduit *Herlerum* [6] par Herly; mais ce village, dont le nom latin devait être *Herliacum*, semble avoir toujours fait partie du Boulonnais. Peut-être ce *vicus* a-t-il changé son nom pour prendre celui de Walbert

---

1. « Calvum regem dono dedisse monasterio Hasnoniensi Alciacum » super fluvium *Vuellulam* in comitatu Tarüannensi : scilicet *Alciacum* » illud modo et antiquitus *in nemore* dictum domiciliis ad viam roma-» nam Atrebato Tarüannam petentem displantatis constans, Vuellulam » usque fluvium extendebatur » (Malbrancq, *de Morinis*, t. I, p. 596). — Dom Bouquet, croyant qu'il s'agissait du Tardenois, a pris *Wellula* pour la Vesle (*Vidula*).

2. *Cartulaire de l'abbaye de Saint-Bertin*, p. 138.

3. *Cartulaire de l'abbaye de Saint-Bertin*, p. 33.

4. *Gallia Christiana*, t. X, col. 1589.

5. *Acta Sanctorum Maii*, t. I, p. 279.

6. Dans l'Artois, la terminaison *lerum* paraît produire ordinairement *liers* ou *lers*, comme dans Hucqueliers, Chelers, Canlers.

(*Walbertus*) et pourrait-on l'identifier avec Wambercourt [1] (Pas-de-Calais, arr. de Montreuil, cant. d'Hesdin); ce village du pays de Thérouenne était voisin du Ponthieu.

18° Par un diplôme daté de l'an 974, le roi Lother confirma à l'abbaye de Saint-Riquier la possession des *villae* de *Botritium* et de *Rolleni curtis* situées *in pago Targonnensi*, et que cette abbaye devait aux libéralités du duc Hugues [2] (Hugues-Capet). Nous avons dit plus haut que *Botritium* devait être Bouret, bien que Dom Bouquet le traduise par un Botru introuvable [3]; quant à *Rolleni curtis*, c'est aujourd'hui Rollencourt (Pas-de-Calais, arr. de St.-Pol, cant. du Parcq).

19° Par une charte du 4 mars 980, Arnoul, fils du comte Theodoric, et Arnoul, fils d'Hilduin, donnèrent à l'abbaye de Saint-Pierre de Gand, à la demande d'Evrard et de son fils Baudoin et pour le repos de leurs âmes, divers biens que ceux-ci possédaient dans le pays de Thérouenne et en Flandre: *quicquid in pago Taruannensi possidere visi sunt in Rumingehem et in Keremberg; in pago autem Flandrensi...* [4] — *Rumingehem* est aujourd'hui Ruminghem (Pas-de-Calais, arr. de Saint-Omer, cant. d'Audruick); à 6 kilomètres sud de ce village se trouve le hameau de Quembergues (cant. d'Ardres, comm. de Nordausques), qui représente *Keremberg*.

20° Le 12 avril 982, un chevalier (*militaris*), du nom de Sigard, donna à la même abbaye de Saint-Pierre de Gand son alleu, *id est villam Busingim, cum ecclesia in honore sancti Leodegarii martyris, sitam in pago Taruennico*, et tout ce qui dépendait de cette *villa* [5].—*Busingim* est aujourd'hui Boeseghem (Nord, arr. et cant. d'Hazebrouck).

21° Une charte du 20 octobre 1002 contient la donation faite à la susdite abbaye, par ce même Sigard, de concert avec ses fils Ermenfrid, Adam et Erleim, pour l'âme de sa femme, d'une église

---

1. Ce nom ne signifie pas autre chose que la *curtis* de Waldbert. Le Walbert dont il s'agit est appelé *Wambertus* par certains hagiographes (*Acta Sanctorum Februarii*, t. I, p. 677).

2. Dom Bouquet, *Recueil des historiens de France*, t. IX, p. 638.

3. Cette traduction a été adoptée par Wauters, dans la *Table chronologique des chartes et diplômes imprimés concernant l'histoire de la Belgique*, t. I.

4. A. Van Lokeren, *Chartes et documents de l'abbaye de Saint-Pierre au mont Blandin de Gand*, p. 50. — Dans la copie d'une charte datée du lendemain et relative aux mêmes faits, on lit *Kermberg* au lieu de *Keremberg* (*Ibid.* p. 51).

5. *Ibid.*, p. 53. Dans le titre de la charte M. Van Lokeren a traduit *Busingim* par Bousegem.

et de ses dépendances, situées *in Terdengim in pago Taruannensi* [1]. — Il ne peut y avoir de doute sur l'identité de *Terdengim* et de Terdeghem (Nord, arr. de Hazebrouck, cant. de Steenworde). — Les deux églises données par Sigard, Boeseghem et Terdeghem, étaient situées dans la portion du pays de Thérouenne appelée de *Mempiscus*; c'est du moins ce que prouve la confirmation des biens de l'abbaye de Saint-Pierre de Gand par le roi Henri Ier, en 1037, dans laquelle on lit : *in pago Mempisco villam Bussingehem cum ecclesia et molendino atque maresco et pastura ultra fluviolum Mella; ecclesiam vero de Tertingehem* [2]. La mention du *fluviolus Mella*, lequel n'est autre que la Melde qui coule à Borseghem, prouve que c'est bien l'église de ce dernier village qui fut donnée par Sigard à l'abbaye de Saint-Pierre.

Nous nous résumons ici en donnant la liste des localités comprises dans le *pagus Taruanensis*, d'après les documents que nous venons d'examiner.

Aix-en-Issart	Mentques
Auchy-au-Bois	Nordausques
Austra	Quelmes
Beaurainville	Rollencourt
Blangy	Rombly
*Boeseghem	Ruminghem
Boisdinghem	Sains
Bouret	Saint-Omer
Campagne-lès-Boulonnais	Setques
*Crombeke	*Strazeele
Embry	Tatinghem
Fauquembergues	*Terdeghem
Fersinghen	Tournehem
Fressin	Vaudringhem
Kembergues	Wambercourt??
*Ledringhem	Wisques
Mencas??	Zudausques.

Si l'on compare cette liste avec la carte qui accompagne ce mémoire, on remarquera qu'aucune de ces localités ne faisait partie du gouvernement du Boulonnais, mais que toutes cependant étaient comprises dans l'archidiaconé d'Artois, à l'exception des cinq dont les noms sont précédés d'une astérisque; ces cinq loca-

---

1. A. Van Lokeren. *Chartes et documents de l'abbaye de Saint-Pierre au mont Blandin de Gand,* p. 70.
2. *Ibid.* p. 84.

lités faisaient partie de l'archidiaconé de Flandre[1]. On peut cependant affirmer que le *pagus Taruanensis* proprement dit ne s'étendait, pas plus que le Boulonnais, en dehors de l'archidiaconé d'Artois; car ces cinq villages, au dire de certaines chartes, très-souvent de celles-là même qui les placent dans le Thérouennais, dépendaient du *pagus Mempiscus*[2], *pagus* qui s'étendait aussi en partie sur le diocèse de Tournay. Les chartes en les indiquant *in pago Taruanensi*, veulent évidemment faire comprendre qu'elles faisaient partie de la portion du *Mempiscus* attribuée au diocèse de Thérouenne.

Le *pagus Taruanensis* occupait donc toute la portion orientale de l'archidiaconé d'Artois, c'est-à-dire ce qui était hors des limites du gouvernement du Boulonnais. Des chartes nombreuses en témoignent, et cependant, dans le langage populaire, le nom de Ternois, forme française de *Taruanensis*, ne s'applique qu'à la partie méridionale de ce pays; nous trouvons dans cette partie sept localités qui sont encore ou qui ont été dites *en Ternois*, savoir :

Bailleul[3] (Pas-de-Calais, arrondissement de Saint-Pol, canton d'Heuchin).

Blangy[4] (Pas-de-Calais, arrondissement de Saint-Pol, canton du Parcq).

Gouy-en-Ternois (Pas-de-Calais, arrondissement de Saint-Pol, canton d'Aubigny).

Monts-en-Ternois (Pas-de-Calais, arrondissement et canton de Saint-Pol).

1. En l'absence de pouillés de l'ancien diocèse de Thérouenne, dans les dépôts de Paris, nous avons dû nous contenter du traité d'Aire (1559); les paroisses de l'évêché de Thérouenne y sont énumérées par doyennés (Miraeus, *Opera diplomatica*, t. IV, p. 661). — Boeseghem (*Bousinghem*) était du doyenné de Merville, Crombeke de celui de Poperingues, Ledringhem de celui de Bergues, Strazeele de celui de Bailleul, et Terdeghem de celui de Cassel.

2. Voir, pour Ledringhem, la charte de 723 et, pour Strazeele et Crombeke, la charte de 875. Nous avons cité le diplôme d'Henri Ier (1037), qui nous apprend que Boeseghem et Terdeghem étaient compris dans le *Mempiscus*. Une charte de 867, dont nous avons parlé plus haut, mentionne *Mekeriae* et *Heingasele*, situés *in pago Taruanense infra Mempiscum*. Nous n'avons pu traduire ces deux noms; mais il est probable qu'ils faisaient aussi partie de l'archidiaconé de Flandre; quant à *Heingasele*, suivant Yperius il était situé sur l'Yser, fleuve qui coule exclusivement dans cet archidiaconé.

3. « Balliolum in Ternesio » (*Pouillé du diocèse de Boulogne* (1648), p. 5).

4. Sanson, Carte du gouvernement général de Picardie, Artois, Boulenois, et pays reconquis, etc. (1651).

Œuf-en-Ternois (Pas-de-Calais, arrondissement et canton de Saint-Pol).

Oppy [1] (Pas-de-Calais, arrondissement de Saint-Pol, canton d'Avesnes-le-Comte, commune de Baudricourt).

Seint-Pol [2] (Pas-de-Calais, chef-lieu d'arrondissement.)

Quelle était la cause de cette restriction? Nous allons essayer de l'indiquer. Le vaste diocèse de Thérouenne paraît avoir été entièrement compris dans le marquisat de Flandre, créé sous Charles le-Chauve. A la mort de Baudoin le Chauve (918), ses deux fils, Arnoul et Ardolf, se partagèrent ses états : la Flandre échut à Arnoul, la cité de Boulogne et la région Thérouennique (*civitatem Bononiensem et regionem Taruennicam*) [3], qui formèrent plus tard l'archidiaconé d'Artois, constituèrent le lot d'Ardolf. A la mort de son frère, Arnoul rétablit le grand marquisat de Flandre dans son intégrité, et mérita justement le titre de « princes des Morins » (*princeps Morinorum*), que lui donne un chroniqueur du xe siècle, Richer [4].

Arnoul paraît avoir été le dernier comte de Flandre qui ait réuni ces vastes états. Après lui, Boulogne eut ses comtes particuliers. Quant au pays ou comté de Thérouenne, il semble avoir été démembré vers la même époque. Ce qui est certain, c'est que la partie septentrionale, y compris la ville épiscopale de Thérouenne, fut conservée par les comtes de Flandre, qui la divisèrent en deux châtellenies, dont les chefs-lieux étaient Thérouenne et Saint-Omer [5]; et dès le milieu du xie siècle, la partie méridionale de l'ancien *pagus* fut tenue en fief des comtes de Flandre, par un

1. Harbaville, *Mémoires historiques et archéologiques du Pas-de-Calais*, t. I, p. 296.

2. Saint-Pol, aujourd'hui Saint-Pol-sur-Ternoise était jadis très-connu sous le nom de Saint-Paul-en-Ternois. — Voir des titres de mss. du dernier siècle donnés par M. Desnoyers (*Topographie ecclésiastique de la France*, p. 634).

3. *Cartulaire de l'abbaye de Saint-Bertin*, p. 140.

4. Richer, édition de la Société de l'histoire de France, t. I, p. 138, et t. II, p. 20.

5. La possession de Thérouenne et de Saint-Omer en 1126 est prouvée par le passage suivant de la vie de Charles le Bon, écrite par Galbert : « Igitur Theodoricus Flandriarum marchio ab illo mortis Willelmi » [Clitonis] tempore regnavit; et peragratis castris, scilicet Atrebato, » *Tervannia, Sancto Audomaro*, Insulis, Aria, in quibus locis more bono- » rum praedecessorum suorum venerabiliter susceptus est a clero et » populo, et fide et hominio confirmatus, tandem ad reges Franciae et » Angliae ascendit, suscepturus ad ipsis feoda et donaria regalia » (*Recueil des historiens de France*, t. XIII, p. 392.)

comte qui prenait habituellement, du lieu de sa résidence, le titre de comte de Saint-Pol[1]. Ce comte est aussi désigné par un chroniqueur des premières années du XIIIe siècle, sous celui de « comte du peuple Thérouennique »[2] ou de Ternois, et il paraît quelquefois avoir pris lui-même ce dernier titre[3]. De là évidemment la restriction du nom de Ternois à ce comté, qui ne comprenait pourtant pas la capitale de l'ancien *pagus*[4], restriction qui fut si prononcée, que le plus fort des cours d'eau qui arrosaient le comté de Saint-Paul en prit le nom de *Ternoise*[5].

1. On lit dans un acte d'accord entre Roger, comte de Saint-Pol, et Bovon ou Bavon, abbé de Saint-Bertin : « Comitatum et caetera forensia » jura idem comes Rodgerius in beneficio tenebat de seniore nostro » comite Balduino » (*Art de vérifier les dates*, éd. in-folio, t. II, p. 773.)

2. Ce titre est toujours donné par Lambert d'Ardres comme synonyme de comte de Saint-Pol; ainsi ce chroniqueur dit en parlant de saint Walbert qui vivait au VIIe siècle : « Imo a quodam Walberto *Pontivi et Teruannici populi vel S. Pauli* et Ghisnarum quondam *comite*, qui ante Arnoldum magnum fere ducentis annis extitit (Ed. Godefroy Mesnilglaise, p. 5); et ailleurs, en parlant de Sifrid : « Vir quidam animo nobilis et genere spectabilis, a sepedicti Walberti Pontivi et *Teruannici populi sive Sancti Pauli* atque Ghisnarum *comitis* sanguine (*Ibid*, p. 29); plus loin, il nous apprend que Guillaume, comte du Ponthieu, donna à son troisième fils « *Teruannensium fines, qui usque hodie Sancti Pauli vocantur comitatus* (*Ibid.*, p. 43); il mentionne enfin en ces termes la mort d'Hugues, comte de Saint-Pol, arrivée vers 1070 : « interea *Teruannici populi vel S. Pauli* comite Hugone videlicet sene, susceptis de uxore sua Clementia liberis, universae carnis viam ingresso » (*Ibid.*, p. 255).

3. Enguerrand, comte de Saint-Pol, se qualifie de « comte de Ternois » dans une charte de 1145 (*Inventaire analytique et chronologique de la chambre des comptes de Lille*, p. 29.)

4. Suivant une conjecture de Malbrancq, que nous ne pouvons discuter, Saint-Pol aurait porté avant le IXe siècle, comme Thérouenne, le nom latin de *Tervana*, et ce serait de là que son territoire se serait appelé *Ternois;* il ne donne aucune preuve sérieuse à l'appui de cette prétention qui se reflète dans tout son ouvrage (*de Morinis*) et qui a été adoptée par des écrivains modernes (voir Sauvage, *Histoire de Saint-Pol;* publiée à Arras en 1834). Nous ferons simplement remarquer que l'on ne rencontre jamais deux *villes* du même nom dans une contrée aussi restreinte et que la confusion qui se serait produite entre les deux *pagi Tervannenses* limitrophes rend ce fait impossible.

5. De même le *Dormois* (*pagus Dulcomensis*), s'étant restreint après le XIe siècle à la partie méridionale de ce pays, a donné son nom à la *Dormoise*, cours d'eau principal de cette contrée.

Nogent-le-Rotrou, Imprimerie de A. Gouverneur.

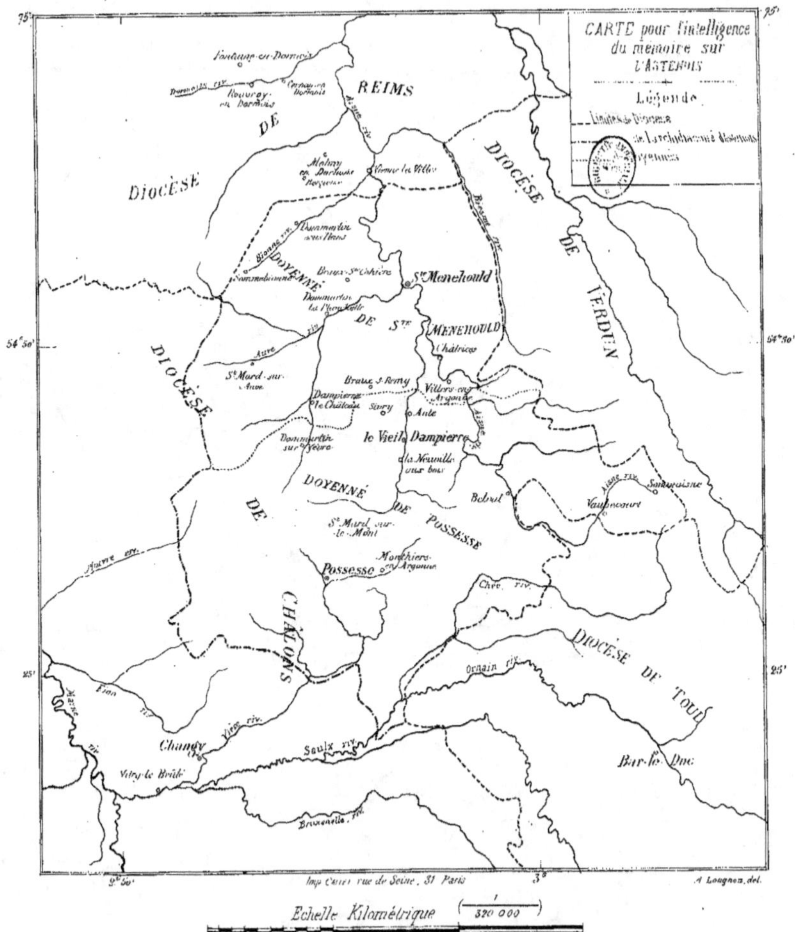
CARTE pour l'intelligence du mémoire sur L'ASTENOIS
Légende
Limites de Diocèse
de l'archidiaconé d'Astenois
Doyennés
Fontaine-en-Dormois
Dormois riv.
Rouvroy-en-Dormois
Cernay-en-Dormois
REIMS
DIOCÈSE DE
Malmy-en-Dormois
Berzieux
Vienne-le-Ville
DIOCÈSE DE VERDUN
Bionne riv.
Hauzmartin-sous-Reins
DOYENNÉ
Nanteuil-la-Fosse
Braux-Ste-Cohière
St-Menehould
Daucourt-la-Pierre-Tuile
DE STE MENEHOULD
Chatrices
Aisne riv.
Auve
St-Mard-sur-Auve
Braux-St-Remy
Villers-en-Argonne
Dampierre-le-Château
Sivry
Ante
DIOCÈSE DE
le Vieil Dampierre
la Neuville-aux-bois
Dommartin-sur-Yèvre
Aisne riv.
DOYENNÉ DE POSSESSE
Sermaisoize
Bobrul
Vaupnecourt
St-Mard-sur-le-Mont
Possesse
Monthiers-en-Argonne
DE CHALONS
Chée riv.
DIOCÈSE DE TOUL
Marne riv.
Fion riv.
Vière riv.
Ornain riv.
Chancy
Saulx riv.
Vitry-le-Brûlé
Bar-le-Duc
Bruxenelle riv.
Imp. Cariot, rue de Seine, 31 Paris
A. Longnon, del.
Echelle Kilométrique
320 000
5   10   20   50

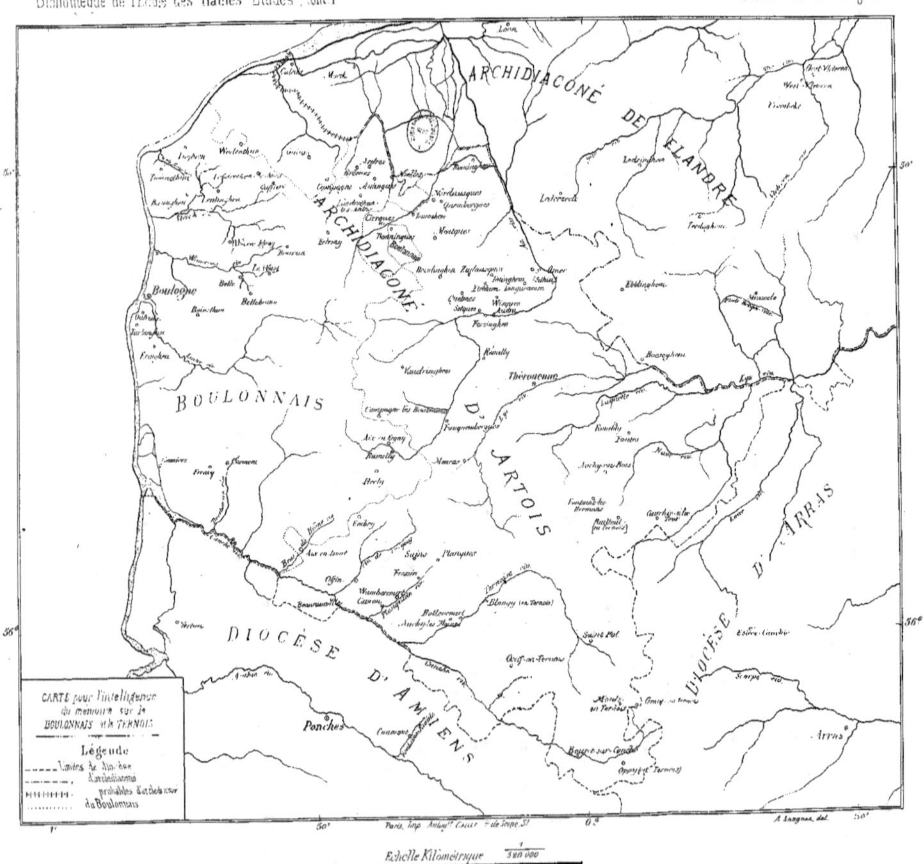
ARCHIDIACONÉ DE FLANDRE
ARCHIDIACONÉ
BOULONNAIS
DIOCÈSE D'ARTOIS
DIOCÈSE D'ARRAS
DIOCÈSE D'AMIENS
Boulogne
Ponches
Arras
CARTE pour l'intelligence
du mémoire sur le
BOULONNAIS et le TERNOIS
Légende
Limites de diocèse
Archidiaconés
probables d'archidiaconés
du Boulonnais
Paris, Imp. Antoine Caillé r de Seine 51
A. Longnon, del.
Echelle Kilométrique
1/520 000

www.ingramcontent.com/pod-product-compliance
Lightning Source LLC
LaVergne TN
LVHW021152200726
843510LV00001B/324